1年中作れる！

0〜5歳児の

# 製作・造形あそび

浦中こういち●著

子どもたちが主体的に活動できる！

製作アイディア**91** ＋ 実践例

ナツメ社

## この本の使い方

この本は、子どもたちが製作・造形活動をするための参考になるアイディアと、園での実践の紹介をあわせて、4月から3月まで、月ごとに紹介しています。

製作・造形あそびのアイディアを季節や行事に合わせて、月ごとに紹介しています。

各々の活動を行うのにふさわしい、クラス（学年）を示しています。活動する際の目安にしてください。
※表示はあくまでも目安です。個々の子どもの発達に合わせて配慮してください。

事前に準備しておきたい、製作材料や道具などを示しています。

作り方の手順やポイントなどを、イラストで紹介しています。

子どもが活動する際のポイントや、保育者の配慮などを紹介しています。

活動の手順やポイントとなる部分を、写真でわかりやすく紹介しています。

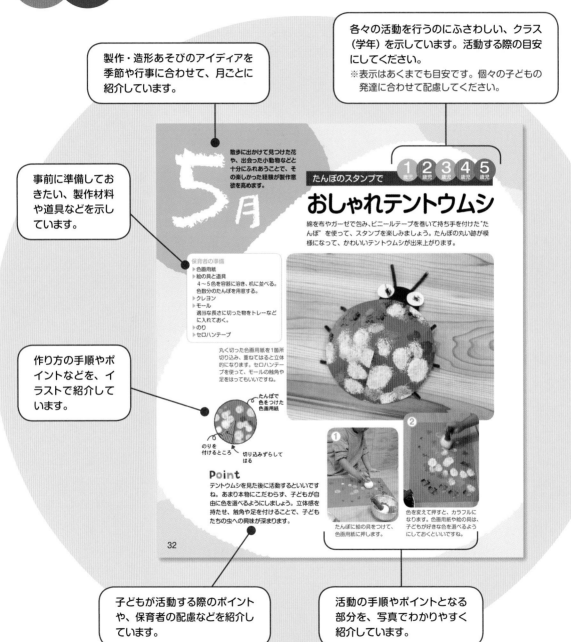

散歩に出かけて見つけた花や、出会った小動物などと十分にふれあうことで、その楽しかった経験が製作意欲を高めます。

**5月**

たんぽのスタンプで

# おしゃれテントウムシ

1歳児 2歳児 3歳児 4歳児 5歳児

綿を布やガーゼで包み、ビニールテープを巻いて持ち手を付けた"たんぽ"を使って、スタンプを楽しみましょう。たんぽの丸い跡が模様になって、かわいいテントウムシが出来上がります。

**保育者の準備**
▶色画用紙
▶絵の具と道具
　4〜5色を容器に溶き、机に並べる。色数分のたんぽを用意する。
▶クレヨン
▶モール
　適当な長さに切った物をトレーなどに入れておく。
▶のり
▶セロハンテープ

丸く切った色画用紙を1箇所切り込み、重ねてはると立体的になります。セロハンテープを使って、モールの触角や足をはってもいいですね。

たんぽで色をつけた色画用紙

のりを付けるところ

切り込みずらしてはる

## Point

テントウムシを見た後に活動するといいですね。あまり本物にこだわらず、子どもが自由に色を選べるようにしましょう。立体感を持たせ、触角や足を付けることで、子どもたちの虫への興味が深まります。

① たんぽに絵の具をつけて、色画用紙に押します。

② 色を変えて押すと、カラフルになります。色画用紙や絵の具は、子どもが好きな色を選べるようにしておくといいですね。

32

2

実際に活動した子どもたちの
クラスを示しています。

園での実践を写真で紹介
するページです。

活動に必要な製作
材料や道具などを
示しています。

## 実践
三重県鳥羽市
かがみうら保育所

① ② ③ ④ ⑤
1歳児 2歳児 3歳児 4歳児 5歳児

# 1,000個の紙コップを準備!
# お城、街作りに発展

1歳児から5歳児まで合計10名の保育所での活動。1,000個の紙コップを準備しました。ひたすら紙コップを積むあそびから、お城作り、街作りに発展しました。

保育者の準備
▶ 紙コップ（約1,000個）
▶ 色画用紙
▶ 色紙
▶ ロール状の画用紙
▶ クレヨン
▶ フェルトペン
▶ 絵の具と色をつける道具
　黒の絵の具、大きめの絵の皿、筆。
▶ はさみ
▶ のり

ピラミッドのように重ねると、う
まく積めることに気づきました。

最初は、紙コップを
重ねてどんどん積み
上げて……。

ピラミッドのように積む
とうまくいくことを発見
した子がいて、積み方を
変更。小さい子もいたの
で崩れては積んでを繰り
返しながらも、だんだん
大きなお城に。

お城が完成すると
「お城の周りには街
があるよ」という声
が上がり、街作りが
始まりました。

子どもが
主体的に活動
するために

## 表現したいことを
## 形にできる環境作り

10人での活動に紙コップ1,000個！　1,000
個は絶対ではないけれど、素材を十分に用意す
ることは大切です。「お城の街を作ろう」→「街
を作るなら道がいる」。日々の生活と製作がつ
ながり、車や家、橋、イスなど、子どもたちの
身近にあるものがどんどん形になっています。
子どもたちの「作りたい」気持ちに応えられる
よう、素材や環境の準備ができるといいですね。

「小さい道」「ここは複いのがある」思い
思いの道を、筆を使って描いていきます。

活動が展開した様子を、順を
追って紹介しています。

子どもが主体的に活動をするた
めの、あそびの進め方、着眼点、ア
レンジや保育者のかかわり方、配
慮の仕方などを記述しました。

44

45

# もくじ

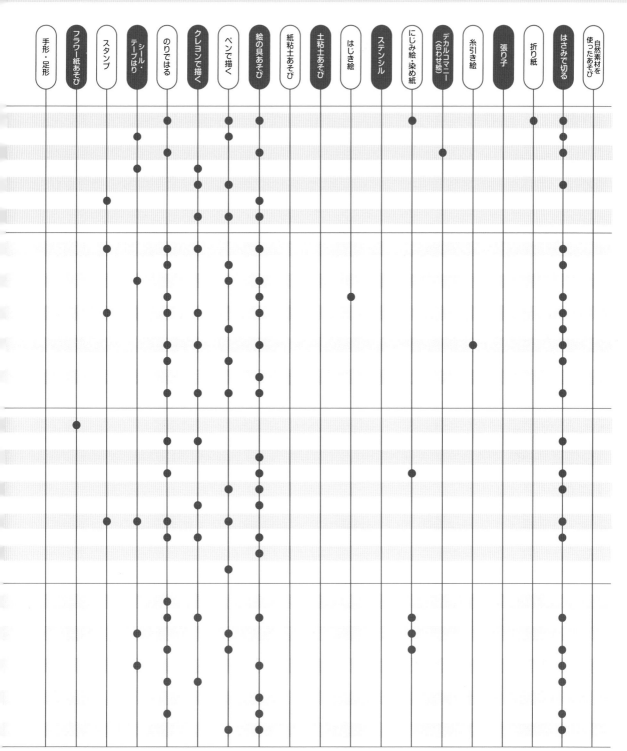

| 手形・足形 | フラワー紙あそび | スタンプ | シール・テープはり | のりではる | クレヨンで描く | ペンで描く | 絵の具あそび | 紙粘土あそび | 土粘土あそび | はじき絵 | ステンシル | にじみ絵・染め紙 | デカルコマニー（合わせ絵） | 糸引き絵 | 張り子 | 折り紙 | はさみで切る | 自然素材を使ったあそび |
|---|---|---|---|---|---|---|---|---|---|---|---|---|---|---|---|---|---|---|

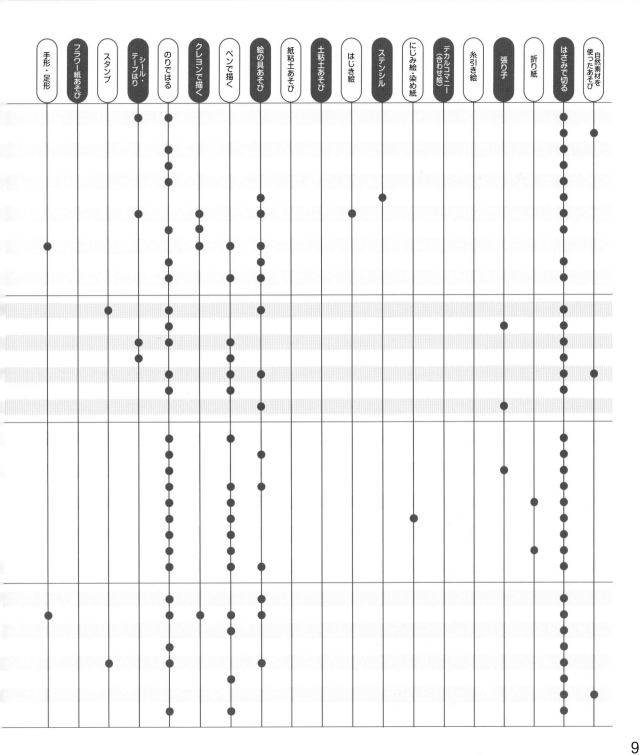

手形・足形

フラワー紙あそび

スタンプ

シール・テープはり

のりではる

クレヨンで描く

ペンで描く

絵の具あそび

紙粘土あそび

土粘土あそび

はじき絵

ステンシル

にじみ絵・染め紙

デカルコマニー《合わせ絵》

糸引き絵

張り子

折り紙

はさみで切る

自然素材を使ったあそび

# 「作るあそび」を「子どもたち主体の活動」にするための6つのキーワード

この本では、単に、さまざまな製作・造形あそびのアイディアを紹介するだけではなく、子どもたちがいきいきと「作るあそび」をするためのヒントとなるような1冊を目指しています。子どもたちと向き合っていく保育の現場で、心に留めておいてほしいことを6つのキーワードとあわせてご紹介します。

## キーワード 1
## 子どもの「やってみたい！」が広がる環境を模索しよう！

子どもが「これ、くっつくのかな？」「もっと長くしたい」と思うとき、何かを作りたいなんて考えていないけれど、気持ちが動いたとき、そこに行けば思いが達成できるものがそろっている場所があるといいですね。セロハンテープ、はさみ……、こんなのあったら使えるかも？ と自分のインスピレーションを信じて置いてみるのが大事。接着剤はのりだけでなく、木工用接着剤や布ガムテープなどがあると、子どもたちが試行錯誤して用途に合わせて使えるようになると思います。道具だけでなく、リサイクル素材なども仕分けしてあると使いやすいし、そこが充実していると、子どもたちが、じっくり取り組める場所が必要だと気づき、保育者の工夫が生まれる。じっくり取り組んでいる子どもたちの真剣な表情と、何を楽しんでいるかに気づくことが大事です。

# 子どもの"おもしろさ"を
# 保護者に発信しよう

　毎日、子どもたちがどんなふうに園で過ごしているのか、保護者は私たちが思う以上に気にしています。"絵の具であそびました""粘土であそびました"という、やったことの報告ではなく、子どもたちが楽しんでいる姿そのものを伝えたい。それには写真が有効です。大人は気づかない、子どもたちの感じていること、楽しんでいること、その驚いた顔、不思議そうな顔、満足している顔、子どもたちって本当に素直に表情に表してくれます。

　写真で、そうした子どもたちの姿を発信することで、ほかの子と比べること、できている、できていないにこだわること、服が汚れてしまうことなど、本当なら気になって仕方がない親の気持ちがほぐれてくるのです。さらに、保育者の「一人一人をちゃんと見ていますよ」というメッセージや、「こんなことを大事にしています」という専門性のあるコメントがあると信頼も高まります。そして、子どもの作品や絵はちょっとしたディスプレイの工夫ですてきなアートになります。だって、うまくつくろうとか思わない、心の作品なんですから！

11

# 材料は、種類と量にこだわろう

　いつでも、あそびだせる環境といっても、そのための空間を確保できない園が多いかもしれません。例えば透明の収納ボックスを使って積み重ねたら、中身が見えるし、場所もそんなにとらないですみます。

　保護者が通るテラスや玄関ホールに段ボール箱などに仕分けした空き箱や紙パックがあったら、「うちからも持ってきましょうか?」という保護者とのコミュニケーションも生まれます。地域に懐石料理屋さんがあったらかまぼこ板というように、どんな廃材がもらえそうかということに貪欲になりましょう。散歩のときには地域の人には声をかけることを忘れずに!　そうやって集めているところから子どもたちが関心をもつことができたら、もっと楽しさが増すのでは?

　子どもの興味・関心に合わせて材料を用意するには、子どもたちがうやろうとしていることをしっかり見る目が必要です。作らせることから解放されると、日常の全てがつながっていることが実感できるはずです。

キーワード **4**

# 造形や製作が苦手でも大丈夫！

　造形や製作が苦手な保育者は意外と多いものです。子どもたちに見本を見せようとしてもうまく作れなくて、保育者に向いていないかもしれないと悩んだりすることも……。でも、子どもたちの表現としての作品に見本なんていりません。見栄えのいい作品を作ることは子どもの表現とは言えません。大事なのは、保育者自身が子どもたちの発見や工夫、奇想天外な発想をおもしろがれるかどうかです。空き箱で何かを作っていて、力を入れたらポン！って音がしたのがおもしろくて、たたきながら歌をうたいだしたり、クレヨンに巻いてある紙を破ることに集中し始めたり。それを否定したり、やめさせたりして自分のやらせたいことにもっていこうとしないで楽しめるようになったら、保育が楽しくなるはず。

　だからと言って、見守っているばかりというわけにもいきません。生まれてから数年しかたっていない子たちですから、経験させたいこと、おもしろさに気づいてほしいと思ったことは、保育者が率先してやってみるのもいいことです。先生おもしろそうだなあ……と子どもたちが思ったら、それは先生自身がすてきな環境です！

## <small>キーワード</small> 5

# 「やらない」「やりたくない」
# そんな子どもを認める

　みんなが製作・造形あそびで盛り上がっている中で、なかには、一向に手を動かそうとしない子もいます。きっと、その理由はさまざまです。体調があまりよくないのかもしれないし、絵の具やのりの、べたべたした感触が苦手なのかもしれないし、配られた色画用紙の色が気に入らないのかも……。でも、子どもは、その理由をきちんと説明することはできません。

　そんな子には、さまざまな言葉かけを駆使して製作に向かわせようとするよりも、「無理にやらなくてもいい」ことを認めることが大事。真面目な保育者ほど「全員をちゃんと活動させることが保育者の役割、保育者の技術」と思いがちですが、子どもは心が動けば、自然に手を動かします。また、心は動いていても、手を動かすまでに時間のかかる子もいます。ただ「今はやらない」だけ。待つことも大切です。

　何もやらなかったとしたら、その時間その子が何をしているかをちゃんと見てください。ほかのことを楽しんでいるのなら、ずっとやらなくても大丈夫。絵が描けなくても、何かを作れなくてもちゃんと大きくなっていきます。

# キーワード6

# 時間と空間をたっぷり用意する

　子どもたちの主体的なあそびって、どこから生まれてくるのでしょう？登園して朝の会、設定保育の時間、戸外あそびの時間……。時間が細かく区切られると、じっくりあそぶことをあきらめてしまう気がします。区切られない、自分であそびを見つけられる、じっくり取り組める、そんな時間を用意してあげたいですね。子どもたちが安心して"子どもでいられる"時間と空間。そんな時間と空間の中から「やってみたい」「作ってみたい」という気持ちがムクムクわいてくるのかもしれません。何かになってあそぶことが楽しいから、何げなく布を置いておくと考えて衣装を作りだす。アオムシを飼い始めたら、どんなチョウになるか考えて絵を描き始める。車を走らせていたので紙を用意したら、道路を描き始める……。

　４、５歳児になったら、子どもたちが意見を言うことができるミーティングの時間があって、そこで自分の思っていることを表現することができたら、そのことが何かを作ったり、描いたりするときに安心して表現することにつながったりします。

　子どもの主体的な活動は全部がつながっているのです。色、形、音、光、手触り……。子どもたちが、いろいろな経験ができるように考えて保育をしていったら、あそびのおもしろさはきっと子どもたちが教えてくれます。

# 作るための材料メモ

子どもに的確なアドバイスをしたり、準備をしたりするために、保育者が、素材や道具の基本的な性質や使い方についての知識をもっておくことが大切です。

## 絵の具

描画はもちろん、製作するときに色を塗るための材料としても欠かせない絵の具。一口で絵の具といってもさまざまな種類があり、用途によって使い分ける必要があります。園にあるものをなんとなく使っていることが多いかもしれませんが、どんな絵の具なのかを確かめて、その特性を知って上手に使いましょう。

## 水彩絵の具

水彩絵の具には、透明水彩と不透明水彩、半透明水彩の3種類があります。透明水彩は塗り重ねたときに下の色が透けて見えるので、下の色と重ねた色が混じり合って見えます。不透明水彩は塗り重ねたときに下の色が透けて見えず、上に塗った色になってしまいます。半透明水彩は、水加減によって透明水彩風・不透明水彩風の両方が楽しめる絵の具です。

保育用として販売されている絵の具は、半透明水彩や不透明水彩がほとんどですが、溶く水の量を調整することで、用途に合った使い方をすることができます。多めの水で絵の具を溶くと、淡く透明感のある着色ができ、水を少なくすると濃い色ではっきりと着色できます。

## ポスターカラー

ポスターカラーは、不透明水彩絵の具の一つで、重ねて塗ったときに、下の色を塗りつぶすことができ、広い面積をむらなく塗れるのが特徴です。

ポスターカラー・クラス用の230㎖入り。12色セットもあり、単色で1本ずつも買うことができます。

## アクリル絵の具

水彩絵の具のように水で溶いて使えますが、乾くと耐水性になります。紙以外もプラスチックや発泡スチロール、布、金属などいろいろな物を塗ることができ、乾きが早いのも特徴です。手や洋服について乾いてしまうと、落ちにくくなります。

工作くん。ペットボトル、プラスチック、発泡スチロールなど、いろいろな物に塗れて、水に溶いて描くことができますが、乾くと耐水性になるアクリル絵の具。

## 工作用絵の具

最近多くなっているのが、不透明水彩やアクリル絵の具で、ペットボトルやガラス、発泡スチロールなど、いろいろな物に塗れるというもの。アクリル樹脂系のものは、乾くと耐水性になり水にも強いという特性もあります。

最近は、「共同制作用」として販売されている絵の具に、このタイプのものが増えており、いろいろな物に塗れて便利な一方、はじき絵をしようとしたら、絵の具をはじかないといったことも起きてしまいます。

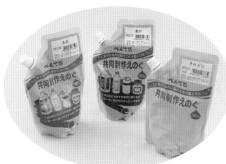

共同制作用えのぐ。紙のほか、ペットボトルやポリ袋などいろいろな物に塗れて、水で落とせる不透明水性絵の具。ぬれ雑巾などで拭き取ることもできるのが便利。280㎖入り。

## 絵の具に、木工用接着剤を混ぜる

工作用絵の具がなくても、絵の具に木工用接着剤を混ぜると、普通の絵の具やポスターカラーでは塗れないペットボトルや発泡スチロールなども塗れるようになります。

# フェルトペン（マーカー）

インクの種類によって、水性、顔料系、油性の3種類があり、子どもの年齢や用途によって使い分ける必要があります。

保育用品で子ども用のフェルトペンとして販売されているものの大半は、水性フェルトペン。豊富に色がそろっていて、汚れても水で洗い流すことができるためです。フェルトペンを使った「にじみ絵」には、水性のフェルトペンを使ってください。

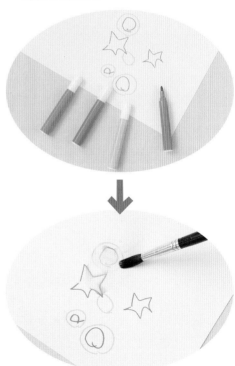

水性フェルトペンで描いて水をつけてにじませる「にじみ絵」の技法。

18

## 顔料系フェルトペン

　ポスカやプロッキーといった商品名で売られているものが代表的。紙に描いても裏うつりせず、発色もきれいです。プラスチックや金属、ガラスなどにも描くことができ、乾くと水に流れることもありません。プラスチックなどに描いたときは、乾いた後、硬いものでこするとはがれ落ちます。また、ポリ袋やエアパッキングなどに描いた場合も、乾くとポロポロはがれます。

ポスカは、ポスターカラーのフェルトペン版。顔料系インクのフェルトペンです。

## 油性フェルトペン

　プラスチックやポリ袋、ビニールなどに描くことができ、透明感のあるきれいな色に仕上がります。手や洋服につくと洗っても落ちないので、特に小さな子どもの活動には配慮が必要です。

油性インクのフェルトペン。アルコール系インクのものは、臭いも気にならず使いやすい。

19

# くっつける
# 材料

「作るあそび」をしていくと、物と物をくっつける技術が必要になってきます。何を使ってくっつけるかは、子どもの手指の発達に合ったものであることが大切です。ここでは、最近注目されている、比較的新しい物を中心に紹介します。

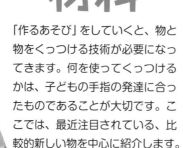

## マスキングテープ

カラフルな色、柄がたくさんそろっているマスキングテープ。粘着力が強すぎない（はがしやすい）こと、手でちぎれることなど、これまで製作に使われてきたテープの主力だったセロハンテープにはない特徴が、子どもにも使いやすい特性となって、製作にも取り入れやすいテープとなりました。

塗装などが余計な部分につかないよう「マスクする」本来の使い方よりも、装飾に使うことが多いですが、マスキングテープをはってから絵の具などを塗り、乾いてからはがすといった技法にもチャレンジしたいものです。

くっつける用途だけではなく、装飾用にも。たくさんの色、柄から好きな物を選べる楽しさ、使いやすさから人気のマスキングテープ。

## ホログラムテープ

よく見ると表面に模様がついているので、きらきら感いっぱい。価格も比較的安価で取り入れやすい装飾用テープです。素材がたいへん薄いので、小さい子どもには少々扱いにくいので、注意しましょう。

子どもたちは、きらきら光る素材が大好きです。こうした素材があると製作のテンションも一気にアップ。

## ビニールテープ

昔からある素材ですが、伸縮性があるのが特徴です。引っ張ると伸びるので、それを生かして、カーブをつけてはることも可能。テープで模様や、文字を描いたりしやすいです。

伸ばしながらはると、曲線も描いてはることができます。

## 工作用接着剤

ボンドタッチなどの商品名で販売されている比較的新しい接着剤。紙だけではなく、木、ペットボトル、発泡スチロールなど、いろいろな物をつけることができ、乾きが非常に早いことが大きな特徴です。

乾くのが早いので、くっつくことがすぐに実感でき、木工用接着剤と同様、手についても水で洗い流すことができるので、子どもにも使いやすい接着剤です。

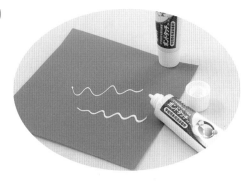

工作用接着剤。乾きやすいので、キャップをちゃんとしめておくことを忘れずに。

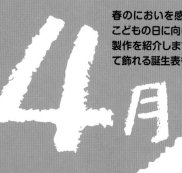

春のにおいを感じる製作や、こどもの日に向けて楽しめる製作を紹介します。年間通して飾れる誕生表も紹介します。

みんなで意見を出し合って作る **4歳児 5歳児**

# 誕生日ボード

同じ誕生月の子が集まって、自分の誕生月の飾りを作ります。色を塗った段ボール板のフレームに、どんな飾りをはるか、友達と一緒に考えると楽しいですね。大きくなることを楽しみにしているからこそ、話が弾みます。

保育者の準備
▶段ボール板
中を切り抜いて枠にしたものを、子どもたちの誕生月の数分用意する。
▶絵の具と道具
各色を容器に溶き、机に並べる。筆は色数分容器に立てておく。
▶色画用紙
▶色紙や千代紙
▶障子紙
▶キッチンペーパー
▶モール
▶綿
▶フェルトペン
▶はさみ
▶のり
▶セロハンテープ
※子どもたちの作りたいものに合わせて素材を準備する。

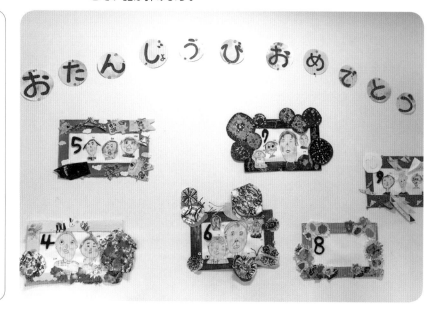

サクラの木は、白の色画用紙に霧吹きで水をかけ、絵の具をつけた筆を置いてにじませました。

色紙のこいのぼりやかぶとをはりました。

キッチンペーパーを四つ折りし、水性ペンでにじませながら描いた後、開きました。

白の色画用紙に絵の具で塗ったヒマワリです。

光沢のある色紙を切り紙し、色画用紙の台紙にはって花火にしました。

お月さまとおだんごでお月見にしました。おだんごは紙粘土を丸めたもの、バッタは折り紙です。

運動会のイメージで国旗を描きました。

障子紙に水性ペンで描いた後、水でにじませて、トンボの羽にしました。

折り紙のサンタとツリーでクリスマスの飾りにしました。

いろいろな雪だるまを描き、綿を丸めた雪と一緒にはりました。

おにをイメージした絵をはりました。

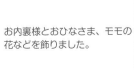

お内裏様とおひなさま、モモの花などを飾りました。

## Point

子どもたちのイメージを引き出すことが大事です。「○月はどんな感じかな？」と、絵本やアルバムを用意するのもいいでしょう。

23

ひもや糸で、つるして飾るのも楽しいです。ゆらゆらゆれて本当に飛んでいるみたいです。

# 光を通すチョウチョウ

クリアホルダーを切って作った羽にマスキングテープをはって、カラフルな羽にしました。チョウチョウのきれいな羽の模様や、左右対称であることなどへの気づきから、作ってみたいという気持ちが生まれます。

**保育者の準備**
▶クリアホルダー
▶マスキングテープ
▶色画用紙
▶フェルトペン
▶はさみ
▶セロハンテープ

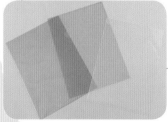

色数豊富なクリアホルダー。子どもたちが好きな色を選んで作るといいですね。

セロハンテープで窓にはると、光を透過してきれいです。

## Point

柄や色のバリエーションが豊富なマスキングテープは、手でちぎることもでき、子どもたちにも扱いやすい素材です。クリアホルダーは、はさみに慣れた子どもなら自由に切ることができますが、切り口で手を切らないように、注意して作業するよう配慮しましょう。

2 歳児　3 歳児　4 歳児　5 歳児

自由なペイントを楽しむ

# カラフルこいのぼりモビール

こいのぼりの模様を、デカルコマニー（合わせ絵）の技法で楽しみながら作ります。紙の反対側にも色がつくことが楽しくて、子どもたちは夢中になってあそびます。

保育者の準備
▶ 色画用紙
▶ 絵の具と道具
　各色を容器に溶き、机に並べる。筆は色数分容器に立てておく。
▶ はさみ
▶ のり
▶ 木工用接着剤
▶ ひも
▶ 段ボール板

①

色画用紙の片側に、筆で絵の具をつけます。

②

二つ折りし、手のひらでしっかりとこすります。

③

開くと、反対側の面に絵の具が写り、左右対称の模様になります。

④

絵の具が乾いたら、二つ折りしてこいのぼりの形に切ります。目をはって出来上がり。

段ボールにひもを巻き付けて、天井からつるせるようにしました。

こいのぼりの間にひもを挟み、木工用接着剤を付けてはり合わせて、つるし飾りにしました。

## Point

最初は通常のデカルコマニーのやり方で、半分に折った紙の片側に絵の具をつけるようにします。子どもが楽しめない様子が見られたら、折らずに絵の具をつけてもいいですね（2歳児）。楽しく製作するために工夫も必要です。

風にゆれるのが楽しい

# ひらひらこいのぼり

レジ袋のこいのぼりに、ぴかぴかのホログラムシールをはったり、クレヨンで模様を描いたりしてあそびましょう。

屋外につるすと、風をはらんで泳ぎます。

**保育者の準備**
- ▶ レジ袋
  目と尾びれをはっておく。
- ▶ ホログラムテープ
  子どもが扱いやすい長さに切り、クリアホルダーの台紙にはっておく。
- ▶ タックシール色紙（目玉用）
- ▶ 色紙（尾びれ用）
- ▶ 布リボン
- ▶ クレヨン

## Point

ホログラムシールのように薄いシールは、はがすのにコツがいるので、保育者が短く切ったものをクリアホルダーにはっておき、子どもによっては、端を少しだけ折って、はがしやすいようにしておきます。

### 光る素材を使って

2歳児 3歳児

# ぴかぴかこいのぼり

弁当用のアルミカップに顔料フェルトペンで模様を描き、好きな形に切ってこいのぼりのうろこにしました。子どもは光る素材が大好きです。丸いものに絵を描くのも楽しくて、たくさんのうろこが出来上がりました。

① アルミカップに好きな色のペンで自由に描きます。「きれいね～！」。

② はさみで切った後、木工用接着剤を付けて色画用紙にはります。魚のうろこに気づく言葉かけをすることで、並べてはることを楽しみます。

## Point

アルミの弁当カップや光沢のある色紙に色を塗るときは、水性ペンではなく顔料フェルトペンや油性ペンを使うと、しっかりと色をつけることができます。油性ペンは塗るときれいな光沢が出ますが、手や服に付くと取れにくいので注意します。

③ 色画用紙を筒状にはって、こいのぼりの出来上がり！

# 実践

愛知県春日井市
マ・メール保育園

# 保護者を巻き込んだ
# こいのぼりの共同製作

マ・メール保育園では、月に一度、第三土曜日を「パパ・デー」と呼び、お父さんたちの保育参加の日として、いろいろな活動をしています。年度の第一回目、4月のパパ・デーに行ったのは、こいのぼり製作。1、2歳児の親子で大きなこいのぼりを共同製作しました。

道具を使っているうちに、足形がついたら、そちらのほうがおもしろくなってしまった子も。

保育者の準備

▶こいのぼりのベース
ロールの模造紙を、2つ折りして、「こいのぼりの開き」状態にしたものを作っておく。

▶絵の具と色をつける道具
絵の具各色、大きめの絵の具皿、1、2歳児が使いやすい大きさのスポンジたんぽ、はけ、ローラーなどの道具、それを洗うためのバケツを準備。

※絵の具で汚れるので、下にシートを敷いて、雑巾などを多めに用意しておく。

**1**

スポンジたんぽやローラーやはけ、思い思いの道具を持って、色をつける子どもたち。色ごとに違う道具を使えるように準備しておきますが、色はだんだん混じってしまいます。

**2**

1歳になったばかりの子は、はじめての造形活動。両手にスポンジたんぽを持って集中してできました。

子どもが
**主体的に活動**
するために

**3**

子どもたちの活動がひとしきり済んだら、お父さんの出番。紙を丸く切っていくつも重ねた目玉をはります。

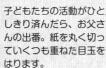

できました！

**4**

みんなのこいのぼり。元気に空を泳ぎます。

## 見守ってくれるパパから学ぶ 言葉かけは少なめに！

子どもたちがだんだん絵の具のおもしろさに自分たちで気づいていく時間が過ごせたのは、パパたちがやらせようとする言葉かけをしなかったから。「すごいね」「こっちも白いところがあるよ」「これも使ってみない？」など、まだ言葉をあまり話さない1、2歳児にはどうしても言葉かけが多くなってしまいがち。でも、パパたちはそんなことはしません。五月晴れのテラスはさわやかな風が吹き、大人が10人もいるのに静かでした。この余分な言葉かけをしない、でもちゃんとそばにいるということが、子どもたちが自分であそびを広げていくことにいちばんつながったのです。

# 実践

愛知県
A保育園

# 一人一人のやり方で色を楽しむこいのぼり作り

本物のこいのぼりの観察から始まり、サーフェル紙を触ったり、クレヨンで描いたりと、思い切りあそびながらのこいのぼり作り。子どもの様子を見ながら絵の具を準備すると、次第に手や足を使ってのダイナミックなあそびに発展していきました。

保育者の準備
▶サーフェル紙：ぬれても破れたりしない丈夫な素材
　こいのぼり1枚分の長さに切ったものをブルーシートの上に置く。子どもの人数に合わせて1〜2枚。
▶色をつける道具
　クレヨン、フェルトペン、工作用絵の具、大きめの絵の具皿、筆。
▶うろこにはる紙
▶木工用接着剤
▶ブルーシート

## 1

本物のこいのぼりを触って質感を確かめます。

## 2

サーフェル紙の感触を味わった後、クレヨンやフェルトペンで自由に描きます。

## 3

クレヨンやフェルトペンでうろこを描くのに飽きてきたころ、絵の具を出しました。「手も足も使っていいの？」子どもたちは絵の具だらけになり、夢中になってあそびます。

**5** うろこの模様を描いた後、絵の具を十分に乾かし、保育者が子どもたちの前でこいのぼりに作っていきます。

**4** まあるいうろこの、こいのぼりのベースが完成!

**6** 目玉を描いて完成! のつもりでしたが「色が足りない!」という子どもたちの意見で、さらにうろこに色紙をはることに。色紙を手でちぎるといい感じ!

子どもが
**主体的に活動** するために

## 子どもの姿をじっくり見る
## 一人一人の違いに気づく!

子どもたちの「やりたい」ことは一人一人違います。その自由なやりたいことに合わせて大丈夫なのが、共同製作のよいところ。絵の具の混色に気づいて動かない、絵の具は紙の上で滑ることがわかり楽しくなってしまう、クレヨンが絵の具ではじくことを発見する……そのさまざまな姿をおもしろがって見守る大人の目が大事。"おもしろかった"という子どもたちの気持ちはテラスを泳ぐこいのぼりをうれしそうに眺める姿や、お迎えのお母さんたちに報告をする姿から伝わってきました。子どもたちの充実した時間を過ごしたという姿が、どんなに服が絵の具だらけになっていても、見守ってもらえる保護者との関係を築きます。

**7** できました!
みんなのこいのぼりが完成!

31

# 5月

散歩に出かけて見つけた花や、出会った小動物などと十分にふれあうことで、その楽しかった経験が製作意欲を高めます。

たんぽのスタンプで

# おしゃれテントウムシ

綿を布やガーゼで包み、ビニールテープを巻いて持ち手を付けた"たんぽ"を使って、スタンプを楽しみましょう。たんぽの丸い跡が模様になって、かわいいテントウムシが出来上がります。

## 保育者の準備

▶ 色画用紙
▶ 絵の具と道具
　4～5色を容器に溶き、机に並べる。色数分のたんぽを用意する。
▶ クレヨン
▶ モール
　適当な長さに切った物をトレーなどに入れておく。
▶ はさみ
▶ のり
▶ セロハンテープ

丸く切った色画用紙を1箇所切り込み、重ねてはると立体的になります。セロハンテープを使って、モールの触角や足をはってもいいですね。

たんぽで色をつけた色画用紙

のりを付けるところ

切り込みずらしてはる

## Point

テントウムシを見た後に活動するといいですね。あまり本物にこだわらず、子どもが自由に色を選べるようにしましょう。立体感を持たせ、触角や足を付けることで、子どもたちの虫への興味が深まります。

① たんぽに絵の具をつけて、色画用紙に押します。

② 色を変えて押すと、カラフルになります。色画用紙や絵の具は、子どもが好きな色を選べるようにしておくといいですね。

### 花を観察して

2歳児 3歳児 4歳児 5歳児

# すてきなフラワー

園庭や道端に咲いている花を、みんなでじっくり見てみましょう。そこから生まれる子どもの表現を大切にします。色画用紙に形を描いて切った後、フェルトペンで色をつけていきます。

保育者の準備
▶ 色画用紙
  はさみに慣れていない子には花や葉の形に切っておく。
▶ フェルトペン
▶ はさみ
▶ のり

フェルトペンで葉の形を描きます。

茎や葉にのりを付けて、花にはっていきます。

## Point

子どもが表現しやすいように細いフェルトペンなどを用意しましょう。根気よく色をつけることによって、遠目から見ると違う色になったり、模様になったり、影がついたように見えたりします。

33

ぷちぷちに色をつけて

# のぞいて楽しむ
# 双眼鏡

エアパッキングに色をつけると、凹凸で色がつかない部分もあるのが
おもしろいですね。自分専用のオリジナルの双眼鏡を持つことで、あ
そびが広がります。

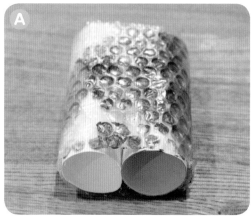

エアパッキングを好きな色の絵の具で
塗った後、紙芯に巻きました。

油性ペンで色をつけたエアパッキングを、
紙芯に巻きました。

保育者の準備

- ▶紙芯
  2本をセロハンテープではり合わせる。
- ▶エアパッキング
  紙芯に巻ける長さに切っておく。
- ▶絵の具と道具
  工作用絵の具を各色容器に溶き、机に並べる。筆は色数分容器に立てておく。
- ▶ビニールテープ
  子どもが扱いやすい長さに切り、クリアホルダーの台紙にはっておく。
- ▶油性ペン

エアパッキングの角をテープで台にはっておくと、塗りやすいでしょう。

凸凹した所に描く感触が楽しい（左ページC）。

工作用の絵の具、または絵の具に木工用接着剤を混ぜたものを使うと、はじかずに塗れます（左ページA）。

## Point

自分の作った双眼鏡を持つのがうれしい子どもたち。双眼鏡をのぞくのが楽しくて、いろいろなものに気づいたり、発見したりする子どものつぶやきに耳を傾けましょう。

**1歳児** こんなあそびを

絵の具やフェルトペンに慣れていない子は、テープはりを楽しみましょう。台紙にはったテープを、はがすところから楽しめます（左ページB）。

指先を上手に使ってビニールテープをはがします。

エアパッキングの好きなところにはっていきます。

# はじき絵のダンゴムシ

子どもたちはダンゴムシが大好きです。捕まえてきて動きを楽しんだり、図鑑を見て「一緒だ!!」と興味を深めたりします。

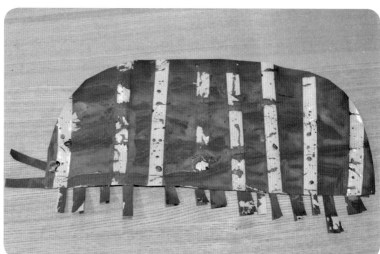

細長いダンゴムシや、丸まったダンゴムシ。子どもたちがお散歩で見つけたダンゴムシを表現しました。

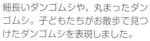

保育者の準備
▶ 紙
　クラフト紙や色画用紙など
▶ セロハンテープ
▶ 絵の具と道具
　ダンゴムシに使う色を容器に溶き、机に並べる。
　筆は容器に立てておく。
▶ はさみ
▶ のり

① 紙にセロハンテープをはります。

② 絵の具で全面に色をつけていきます。

① セロハンテープを放射状にはって、絵の具を塗っていくと……。

② 

③ セロハンテープが絵の具をはじいて、しま模様が現れます。

③ 絵の具を塗ったら十分乾かし、はさみで形に切ったり触角や足をはったりして出来上がり！

## Point

絵の具を塗ったらどんな模様になるかな？　模様が楽しめるはじき絵は、子どもたちが自ら取り組めそうです。

園で栽培しているイチゴの
葉っぱを使いました。

# 紙芯イチゴ

イチゴをイメージできるような色の紙を用意することで、子どもたちは
「あ！　イチゴみたいだね！」「イチゴの色だね」と気づきます。そこから
製作すると楽しめます。

## 保育者の準備

▶ **紙芯**
　はさみに慣れていない子に
は、輪切りにしておく。
▶ **色紙**
▶ **色画用紙**
▶ **絵の具と道具**
　葉に使う色を容器に溶き、机
に並べる。筆は容器に立てて
おく。
▶ **はさみ**
▶ **クレヨン**
▶ **のり**

紙芯の上部はつぶしてセロハンテープで留めます。
種はクレヨンで描きました。

葉の表と裏に筆を使って絵の
具をつけ、色画用紙の上に置き
ます。別の色画用紙を載せ
てこすると、絵の具が写って
2枚の葉が出来上がります。

上部を
つぶして
はる

セロハン
テープ

紙芯に色紙を
はったもの

## Point

生葉のスタンプあそびは、1枚
ずつ葉の形が違ったり、葉脈の
形が写ったりするところに気づ
きながら楽しめます。紙の葉と
は違ったニュアンスに仕上がる
のでおすすめです。

光を通して楽しむ

**3**歳児 **4**歳児 **5**歳児

# シースルーバード

エアパッキングを使って作ってみましょう。半透明な素材感が作りたい気持ち
を引き出します。窓の上の方にはることで、飛んでいる感じを楽しみましょう。

透明感を生かして
窓に飾るときれい
です。

① 作りたい鳥をイメージして、
エアパッキングをはさみで
好きな形に切ります。

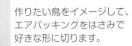

## Point

凸凹した感触も楽しいエアパッキン
グは、子どもたちの製作に取り入れ
やすい素材です。形に切ったものを
はり合わせてから色をつけても、ペ
ンで描いたり色を塗ったりしてから形
に切ってもいいでしょう。

エアパッキングをセロハンテー
プではって鳥の形を作ったら、
油性ペンで色をつけます。

# おしゃれバード

木綿糸に絵の具をつけて、色画用紙にはさむことで模様が現れます。糸の置き方や引っ張り方で、湾曲したり、かすれたりするのがおもしろい！この「糸引き絵」の技法でできた模様を羽にして、すてきな鳥にしました。

保育者の準備
▶紙皿
▶色画用紙
▶木綿糸
▶絵の具
　各色を容器に溶き、机に並べる。
▶クレヨン
▶はさみ
▶のり

紙皿を二つ折りして、糸引き絵で作った羽をはります。

## Point

思いがけない形になったり、混色して色が変わったりすることに子どもたちはワクワク！　絵の具を使った技法は、ぜひ取り入れたいあそびの1つです。引っ張ったときに模様ができるためには、紙をしっかり押さえる必要があるため、保育者が押さえるようにしてもいいでしょう。

色画用紙はあらかじめ二つ折りして、折り筋を付けておきます。水で溶いた絵の具に木綿糸を浸します。

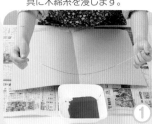

① 絵の具がたっぷりついた木綿糸を紙の片面に置きます。糸の先は外に出しておきましょう。

折り目に合わせて紙を閉じ、片手で押さえながら外に出した糸を引っ張ります。

② ③

④ 紙を開くと、引いた糸の動きで模様が両面につきます。同様にして、絵の具の色を変えて模様を重ねていきましょう。

はるのが楽しい！

**4** 歳児　**5** 歳児

# 紙カップの小鳥

紙カップに色紙をはったり、模様つきの色紙で羽を付けたりして、立体的な小鳥にしました。作っているうちに子どもたちが鳥以外のものを作り始めることもあります。自由度の高いあそびです。

保育者の準備
▶ 紙カップ
▶ 色紙
　無地や模様つきのものを各色用意する。
▶ 色画用紙
▶ フェルトペン
▶ はさみ
▶ のり

## Point

子どもが作りたい鳥をイメージしたら、たくさんの色紙の中から好きな色や柄を選んで形に切ります。立体的なものに紙をはるのは少しコツがいりますが、根気よく作れるといいですね。

# 実践

# 駐車場あそびから発展 ローラーで道作り

車をおもちゃ箱に入れるのではなく、駐車場にとめられるようにしたことで、あそびが広がりました。

保育者の準備
▶ 白のロール紙
▶ 絵の具と道具
　道に使う色（黒やグレー、緑など）を容器に溶き、机に並べる。絵の具の色数分のローラーを用意する。
※ 床が汚れないよう、色画用紙の下にブルーシートを敷いておく。

保育者が空き箱を利用して駐車場を作ったところ、駐車場におもちゃの車を停めたり出したりするあそびが始まりました。

空き箱に絵の具で塗るところは、子どもたちと一緒にするといいですね。持ち運べるので、子どもたちもお気に入り！

1 空き箱（ふた付きのものがよい）の中と、ふたをした外側を、工作用の絵の具で塗ります。

2 側面を切り込んで折り、入り口にしました。道路の印刷つきのテープを使えば、本物みたいな道が作れます。

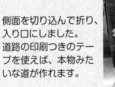

3 駐車場あそびを楽しんだ後、「自分たちで道を作ろう！」とあそびが展開しました。大きな紙に絵の具をつけたローラーを転がして、思い思いの道を描きます。最初は紙の外から、次第に紙の中まで描きたくなり、はだしで紙に載って道を描いていきます。

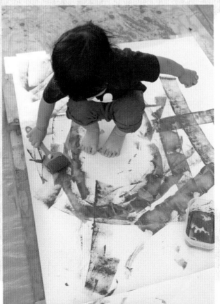

子どもが
主体的に活動
するために

## 子どもたちの やりたい気持ちに沿った 準備を

車あそびが好きな子どもたちのために、最初は保育者が手作りの駐車場を用意しました。すると、あそびは道作りへと展開していきました。ローラーを準備すると、太い道も自由に描けます。子どもたちが「やりたい」という思いに応えられるように、環境を準備できるといいですね。

# 実践

三重県鳥羽市
かがみうら保育所

# 1,000個の紙コップを準備！
# お城、街作りに発展

1歳児から5歳児まで合計10名の保育所での活動に、1,000個の紙コップを準備しました。ひたすら紙コップを積むあそびから、お城作り、街作りに発展しました。

ピラミッドのように重ねると、うまく積めることに気づきました。

保育者の準備
▶ 紙コップ（約1,000個）
▶ 色画用紙
▶ 色紙
▶ ロール状の画用紙
▶ クレヨン
▶ フェルトペン
▶ 絵の具と色をつける道具
　黒の絵の具、大きめの絵の具皿、筆。
▶ はさみ
▶ のり

**1** 最初は、紙コップを重ねてどんどん積み上げて……。

**2** ピラミッドのように積むとうまくいくことを発見した子がいて、積み方を変更。小さい子もいたので壊れては積んでを繰り返しながらも、だんだん大きなお城に。

**3** お城が完成すると「お城の周りには街があるよ」という声が上がり、家作りが始まりました。

## 表現したいことを形にできる環境作り

子どもが **主体的に活動** するために

10人での活動に紙コップ1,000個！　1,000個は絶対ではないけれど、素材を十分に用意することは大切です。「お城の街を作ろう」→「街を作るなら道がいる」。日々の生活と製作がつながり、車や家、橋、イヌなど、子どもたちの身近にあるものがどんどん形になっていきます。子どもたちの"作りたい"気持ちに応えられるよう、素材や環境の準備ができるといいですね。

**4** 「小さい道」「ここは細いのがある」思い思いの道を、筆を使って描いていきます。

カタツムリやカエルなど、梅雨の時期のモチーフで製作あそびを楽しみましょう。保育室でじっくりと製作に取り組める環境を準備したいですね。

# 6月

丸めるのが楽しい！

# カラフルカタツムリ

フラワー紙を触ったりくしゃくしゃに丸めたりして、たくさんあそびましょう。カラー工作紙のカタツムリの中に詰めたら、カラフルなカタツムリになりました。

## 保育者の準備
▶ カタツムリ
カラー工作紙の裏に色画用紙をはった帯を、カタツムリ形にしてはっておく。
▶ フラワー紙
▶ セロハンテープ

## Point
柔らかくて子どもの手にやさしいフラワー紙は、小さい子の製作には欠かせません。いろいろな色をそろえて、たくさんあそべるようにするといいですね。

セロハンテープの粘着面を利用して、フラワー紙を詰めたときにくっつくようにしました。

① 筒状になるようにはる

切り取る
両面テープをはる
カラー工作紙
※裏に色画用紙をはる

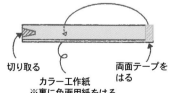

② クロスさせるようにして 4枚はる

セロハンテープ

渦巻きに気づく

2歳児 3歳児 4歳児

# おしゃれな殻の カタツムリ

散歩に出かけて見つけたカタツムリを作ってみましょう。色画用紙にクレヨンで殻の模様を描いたら、色とりどりのカタツムリがたくさんできました。

保育者の準備
▶色画用紙
　はさみに慣れていない子には丸く切っておく。
▶鉛筆
▶クレヨン
▶カラー工作紙を丸く切った型
▶はさみ
▶のり

① 保育者が用意した丸い型を使って色画用紙に形を描いた後、はさみで切ります。

②

③ 色画用紙に目を描きます。

## Point

この時期、比較的目にしやすいカタツムリは、製作あそびに取り入れやすいモチーフです。特徴的な渦巻きの殻を、子どもたちが観察して表現できるといいですね。

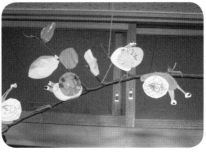

天井から本物の枝を下げ、みんなのカタツムリを飾ってもいいですね。

# ステンドグラス アンブレラ

透明のビニール傘に絵の具で模様をつけて、カラフルな傘を作りましょう。子どもたちは「これに描いていいの？」と興味を持ってあそびます。晴れた日に、屋外の広いスペースで活動するといいですね。

> **保育者の準備**
> ▶ 透明のビニール傘
> ▶ 絵の具と道具
> 工作用絵の具（乾くと耐水性になる）を容器に溶き、机に並べる。筆は色数分容器に立てておく。筆を洗うためのバケツを準備。

雨が降ったらペイントした傘をさして歩いてみよう。

大きな傘を一人でペイントするのは大変なので、グループで活動するといいでしょう。子どもの人数に合わせて傘を用意します。

子どもが好きな色を選べるように、絵の具は容器に溶いて机に置きます。

48

塗りたいところに、丁寧に
色をつけていきます。
模様を描いたり、描いた模
様を別の色で塗りつぶした
り、自由に描けるよう、保
育者が言葉かけをするとい
いですね。

## Point

透明なビニール傘をキャンバスにした造形あそび
です。自分たちで作った一つだけの傘に子どもた
ちは大喜びします。乾くと耐水性になる絵の具を
使うといいですね。

柔らかい色合いの

# にじみ絵アジサイ

水で湿らせた障子紙に絵の具をつけた筆を置くと、柔らかいにじみ模様が出来上がります。乾いた紙を手でちぎって色画用紙にはり、アジサイにしました。

### 保育者の準備
- ▶障子紙
- ▶色画用紙
  はさみに慣れていない子には、丸く切っておく。
- ▶絵の具と道具
  容器に溶き、机に並べる。筆は色数分容器に立てておく。
- ▶霧吹き
- ▶はさみ
- ▶のり

① 適当な大きさに切った障子紙の全面に、霧吹きで水をかけます。

② 筆に絵の具をつけ、障子紙の上に置いてにじませます。2〜3色の絵の具を使うときれいです。

## Point

公園や園庭に咲いているアジサイを見た後に活動するといいですね。色がにじんで広がっていく様子や、違う色と混ざる様子を楽しみながら、アジサイの色を表現できるといいですね。

**2歳児 3歳児 4歳児 5歳児**

雨を楽しむ

# てるてるぼうず

子どもたちの「天気になあれ」という願いを込めて、てるてるぼうずを作りましょう。実際に雨を見た後、ドリッピング（たらし絵）の技法で雨を表現してみるといいですね。

保育者の準備
▶ 透明ポリ袋
▶ フラワー紙
▶ モール
▶ ひも
▶ 色画用紙
▶ 絵の具と道具
　容器に溶き、机に並べる。筆は色数分容器に立てておく。
▶ 油性ペン
▶ はさみ
▶ セロハンテープ

①

絵の具をつけた筆を振り下ろし、絵の具を飛び散らせます。偶然できる模様がおもしろいですね。

ひもにドリッピングした雨粒をはって、天井から下げて飾りました。

②

フラワー紙を包んでモールで絞り留めます。油性ペンで顔を描きましょう。

## Point

ドリッピング（たらし絵）は、画用紙に絵筆を使って絵の具を飛び散らせて模様をつける技法です。汚れてもよい服装で、思い切りあそべるといいですね。

ドリッピングで模様をつけた紙は、子どもが切りやすいように、保育者が適当な大きさに切っておくといいですね。

# カエル帽子

深めの紙皿に絵の具やクレヨンで塗って色をつけた後、目の部分を切り起こし、カエルにしました。保育者が平ゴムを付けて帽子にすると、かぶってあそべます。

保育者の準備
▶ 深めの紙皿
▶ 絵の具と道具
　カエルの色（緑や黄緑など）を容器に溶き、机に並べる。筆は色数分容器に立てておく。
▶ クレヨン
▶ 平ゴム

かぶるとカエルのまねをして楽しみます。

① コーティングされている紙皿もあるので、工作用絵の具か、木工用接着剤を混ぜた絵の具を使うといいでしょう。

全面に色を塗ったら、よく乾かします。

②

絵の具を使わずに、クレヨンで塗ってもいいでしょう。全面に色をつけるのはちょっと根気がいりますが、すてきな帽子になりました。

## Point

帽子をかぶって、カエルのようにぴょんぴょん飛びはねたり、カエルの歌をうたったりしても楽しいですね。保護者参観などで保護者と一緒に作ってもいいでしょう。

動くのが楽しい

# ジャンピングカエル

"たんぽ"を使って、子どもが色画用紙に模様をつけるあそびを楽しんだ後、二つ折りしたスチレントレーにはって、カエルにしました。

保育者の準備
- ▶色画用紙
- ▶スチレントレー
- ▶絵の具と道具
  カエルの色（緑や黄緑など）を容器に溶き、机に並べる。色数分のたんぽを用意する。
- ▶フェルトペン
- ▶はさみ
- ▶丸シール（カエルの目）
- ▶のり
- ▶カラーガムテープ
- ▶セロハンテープ

カエルの背中を押すと、ぴょんぴょん弾みます。

折るところの表と裏からカラーガムテープをはって、割れないようにします。折ったところの両端をセロハンテープで留めると、上から押したときに弾みます。

綿を布やガーゼで包んだ"たんぽ"。子どもが握りやすいように、ビニールテープを巻いて持ち手を付けました。

## Point

カエルを観察した後に活動するといいですね。たんぽを使って色をつけるあそびを楽しんだ後、動かしてあそべるので、子どもたちのお気に入りになりそうです。

# 大きな木

ビワ、カキ、レモン、どんぐり……、園庭にある木を絵の具を使って描きましょう。本物の葉や実を見た後に活動するといいでしょう。一人一人の葉を合わせた大きな木は、迫力いっぱいです。

保育者の準備
▶色画用紙
▶色をつける道具
　クレヨン、絵の具、絵の具皿、筆、
　ローラー、大きめのトレー。
▶はさみ
▶のり

木の枝や幹は、ローラーに絵の具をつけて描いてもいいですね。

拾った葉や実を見ながら、自分たちが感じた色、形の葉を描きます。十分に乾かしてから、形に切ります。

## Point

身近にある自然物を観察し、絵の具やクレヨンで表現するあそびです。白の紙に塗ったり、緑系の紙に描いたり、本物の葉の上に紙を載せて写し取ったり。素材をたっぷり用意しておけば、4～5歳なら、表現方法は子どもたちが自由に選んでいくでしょう。

窓にはると、描いた絵とは違った色に見えます。子どもたちは興味津々。

透明のポリ袋に描いて ② ③ ④ ⑤ 歳児 歳児 歳児 歳児

# 光を楽しむ飾り

透明のポリ袋に自由に絵を描くあそびです。絵の具を十分に乾かしたら、窓にはってみましょう。光が差し込むと、鮮やかな色合いを楽しむことができます。

**保育者の準備**

▶透明ポリ袋
段ボール板の台紙にテープで仮留めしておく。
▶絵の具と道具
工作用絵の具か、絵の具に木工用接着剤を混ぜたものを容器に溶き、机に並べる。筆は色数分容器に立てておく。

ポリ袋の四隅は、両面テープで段ボール板に仮留めしておくと、描きやすいでしょう。

## Point

光の透過を楽しむあそびです。窓にはり、光のかげんで描いた色が思いがけない色に変化するのが楽しいですね。

子どもが好きな色を選んで色をつけていきます。上から違う色を塗って、色が混ざるのも楽しいです。

55

**4** 歳児 **5** 歳児

# つや紙に
# 描くことを
# 楽しんで
# 模様あそび

絵の苦手な子でも参加できるようにと企画した模様あそび。ポスカなど顔料系のフェルトペンを使ってつや紙に描くと、色鮮やかに描けます。いろいろな色がつながったり、形が変わったりするところも楽しくて、集中して取り組めました。

ペンのすべりがよく、発色もよい「つや紙」。子どもたちは集中して描いていきます。

56

保育者の準備
▶ つや紙：表面がつるつるして光沢のある紙
▶ ポスカなど顔料系のフェルトペン
　子どもが好きな色を選べるように、各色用意
　する。

**1**
まず、自由に丸を描きます。
それを線でつないで……、
を繰り返します。

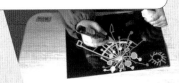

**2**
すてきな模様の
出来上がり！

**3**
描いたインクがすぐに乾かないため、手でこ
すって色が伸びてしまうことも……、子ども
たちは気にせずどんどん描いていきます。

子どもが
**主体的に活動**
するために

## おもしろいからもっと描きたい
## 保育者のアドバイスも重要なことも

つや紙にポスカで丸を描く。クレヨンでも絵の具で
もなく、画用紙でもない。何かが違う。子どもたち
はおもしろいと思ったことは、繰り返しやってみた
くなるもの。同じ丸をいくつも描く子、たくさん丸
を描くだけの子、大きな丸を描く子とさまざま。そ
こへ、「その丸を線でつないでみたら」という保育者
からのアドバイス。線を描いてみると、なんだかす
てきな模様が現れる。その幾何学的な模様に子ども
たちはすっかりはまってしまい、しばらくこのあそ
びは続きました。不思議と顔や車などを描く子はい
なくて、保育者のほんの一言のアドバイスが模様が
出来上がるおもしろさの発見に！

小さい子ども向けの七夕飾りや、海の生き物などをモチーフにした造形あそびを紹介します。

# 七夕の飾り

細く切った色紙を、のりを使ってはりつなぐあそびをした後、ササに飾り付けました。いろいろな色や、模様つきの帯を用意しておくといいですね。

> **保育者の準備**
> ▶色紙
> 15cm角の色紙を⅛に切って帯状にしたものをトレーに入れておく。
> ▶のり

子どもたちは好きな色の帯を選び、指にのりを付けてはっていきます。

子どもたちが作った帯を、短冊と一緒にササに飾りました。吹き流しのようできれいです。

## Point

のりを使いはじめた子どもたち向けのあそびです。長くつながったことを確認するために、高いところに付けたり、窓辺にはったりして、動く様子を楽しんでもいいですね。

58

着物の柄を考える

# 織り姫&彦星

折り畳んだ障子紙の角を染めて開くと、すてきな模様が出来上がります。
模様をつけるあそびを楽しんだ後、織り姫と彦星の着物にしましょう。

**保育者の準備**

- ▶障子紙
  適当な大きさの四角に切っておく。
- ▶絵の具
  各色を容器に溶き、机に並べる。
- ▶色画用紙
- ▶色紙
  クラフトパンチで星形に抜いておく。
- ▶ひも
- ▶クレヨン
- ▶はさみ
- ▶のり

染め紙をした障子紙の角を折り、顔を描いた色画用紙と
星をはって出来上がり。

① 折った障子紙の角を絵の具
に浸します。

② ほかの角を絵の具に浸します。

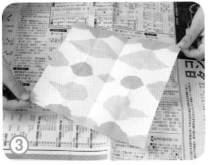

③ ②を広げて乾かします。

## Point

開くとすてきな模様がついている
ことに、子どもたちは驚きます。
障子紙はびょうぶ折りしたり、三
角に折ったりしてもいいでしょう。
紙の折り方で模様が変わるので、
子どもたちと一緒にいろいろ試し
てみるといいですね。

## フェルトペンのにじみ具合を楽しむ

# 障子紙の金魚

障子紙にフェルトペンで自由に描いた後、先の細いしょう油さしで水を
たらして、色がにじんで広がる様子を楽しみましょう。

**保育者の準備**
- ▶障子紙
  適当な大きさの丸に切っておく。
- ▶しょう油さし
- ▶丸シール
- ▶すずらんテープ
- ▶フェルトペン

模様をつけた障子紙を二つ折り
して、保育者がすずらんテープ
の尾びれをはります。丸シール
の目玉をはるところも、子ども
がやってみましょう。

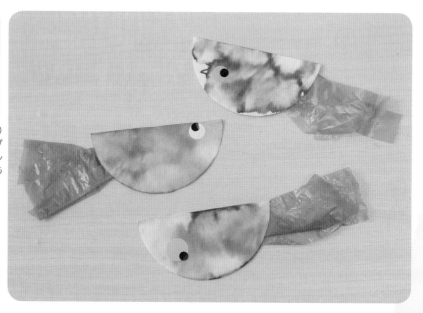

① 障子紙に水性のフェルトペンで
自由に描きます。

② しょう油さしを使って①に
水をたらします。

③ インクがにじむ様子を楽しんだ
後、乾かします。

## Point

先の細いしょう油さしを使っ
た、フェルトペンのにじみ
絵です。一滴ずつ水をたら
すと、ペンのインクが少し
ずつにじんでいく様子がわ
かりやすいでしょう。いろ
いろな色を使って、魚にし
てもいいですね。

**2**歳児 **3**歳児 **4**歳児 **5**歳児

色にこだわる

# コーヒーフィルター アサガオ

白いコーヒーフィルターを使ったにじみ絵です。乾かした後にすき間を開いて立体的にしたら、きれいなアサガオがたくさん咲きました。

色画用紙の葉を付けて飾りました。

保育者の準備
▶白のコーヒーフィルター
▶しょう油さし
▶色画用紙
▶フェルトペン
▶はさみ
▶のり

## Point

アサガオを育てている園なら、本物のアサガオの汁で染めてみてもすてきですね。

① コーヒーフィルターにフェルトペンで模様を描いたり色をつけたりします。

② しょう油さしを使って①に水をたらします。

③ インクがにじむ様子を楽しんだ後、乾かします。

# 絵の具のフィッシュ

絵の具を入れたジッパー付きのポリ袋をもんで、袋の中に色をつけた後、色画用紙をはったりペンで描いたりして、魚を作りました。2〜3色の絵の具を使って、混色を楽しんでもいいですね。

**保育者の準備**
▶ ジッパー付きのポリ袋
▶ 絵の具
▶ 色画用紙
▶ 油性ペン
▶ はさみ
▶ セロハンテープ

## Point

絵本や図鑑で見た魚、水族館に行って見た魚などを参考にして、魚作りを楽しみましょう。ポリ袋はジッパー付きの厚みのあるものを使うと、もんだときに破れにくくていいでしょう。

⓪歳児 ①歳児 こんなあそびを

ねじってセロハンテープで留め、尾びれを作るだけで、魚に見えます。小さい子どもたちとも楽しんでください。

① 絵の具を入れて口を閉じ手でもむ

ジッパー付きの透明ポリ袋

② 絞ってセロハンテープで巻き留める

油性ペンで描く

裏に折ってセロハンテープではる

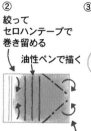

③

描く

描く

色画用紙

※子どもたちが自由に形を作って顔やひれをはる

**2歳児 3歳児 4歳児**

冷たさを表現した

# トッピングアイス

冷たいアイスクリームをイメージして、色画用紙に綿をはったり、クラフトパンチで抜いた色紙や、細く切ったモールなどをトッピングしたりして、いろいろな素材で作ると楽しいですね。

## 保育者の準備

- ▶ 色画用紙
  はさみに慣れていない子には、丸く切ったものと、コーン形に切ったものを用意する。
- ▶ 綿
- ▶ 色紙
- ▶ モール
- ▶ クラフトパンチ
- ▶ 紙テープ
- ▶ クレヨン
- ▶ はさみ
- ▶ のり
- ▶ 木工用接着剤

## Point

子どもたちが食べたことがあるアイスクリームや、食べてみたいと思うアイスクリームを作ると楽しいですね。トッピングに使う材料は、いろいろなものを集めて子どもがはれるようにします。ただし、なんでも口に持っていく子がいるときは、素材選びに配慮してください。

**2歳児** こんなあそびを

チップ状に切った紙テープにのりを付けて、丸く切った台紙にはってあそびましょう。クレヨンで描いたコーンにはったら、おいしそうなアイスクリームの出来上がり！

形にこだわらない

# 星の天井飾り

保育者が三角に切った段ボール板に色をつけた後、子どもたちがはり合わせて星にしました。天井からつるすと、満天の星のようで楽しいですね。

保育者の準備
▶ 段ボール板
　カッターで三角に切り、工作用絵の具で塗っておく。
▶ 木工用接着剤

① 三角に切った段ボール板に、絵の具で色を塗っていきます。4、5歳児なら、色を塗るところから活動してもいいですね。

② さまざまな大きさ、形の星がたくさん！乾かした後、色ごとに分けてケースに入れます。

③ 子どもたちは好きな色や形を選び、木工用接着剤を付けてはり重ねていきます。

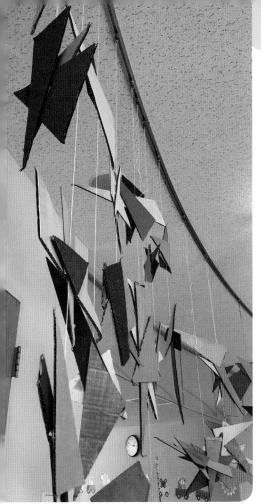

同じ形に切ったパーツでも、色の組み合わせ
方やはり方で、一つ一つ違った星に仕上がる
のがおもしろい。

## Point

保育者が用意したたくさんのパーツの中
から、子どもたちが好きな色、形を選び、
自由にはり重ねて星を作るあそびです。
絵の具は工作用のものを使うと、段ボー
ルの上にもしっかりと色がのり、鮮やかに
見えます。

保育者が星にひもを付け、天井のカーテンレールに
しっかりと結び、飾り付けました。

実践

愛知県
C保育園

# 屋外に大きな
# キャンバスを設定して
# 海を作ろう

天気のよい日に、屋外にサーフェル紙の大きなキャンバスを用意して始まったダイナミックな海作り。絵を描き、翌週、図鑑を見て魚を作って飾るところまでを、約30名で楽しみました。

みんなの持っている海のイメージを、絵の具を使って表現していきます。

**保育者の準備**
- サーフェル紙：ぬれても破れたりしない丈夫な素材
適当な長さに切ったものを、園庭のフェンスなどにくくり付けて固定する（ここではうんていに固定）。
- 絵の具と色をつける道具
絵の具は工作用絵の具を各色、紙パックや紙皿（水で溶いた絵の具を入れる容器）、筆、スポンジ、霧吹き、筆洗用バケツ。
- 色画用紙
- 色紙
- 包装紙
- すずらんテープ
- はさみ
- のり
- 魚の図鑑

絵の具を水で溶き、紙パックや紙皿に入れたものを用意します。

サーフェル紙は、園庭の遊具（うんてい）に重りを付けて固定しました。子どもたちは好きな色の絵の具を選び、キャンバスに自由に描いていきます。

子どもが
**主体的に活動**
するために

海の完成！

"楽しかった" "みんなでやった" という
気持ちが次の活動へつながる
保育者がモデルとなり子どものやる気に

思いっ切り絵の具あそびをしたい！　そのためには大きな紙が必要。思い切ってサーフェル紙をうんていに。園庭に現れた大きなキャンバスに子どもたちは始めはびっくり。筆を使って描きだしたのだけれど、ふと見ると先生が手を使って描いたり、絵の具を筆からはじき飛ばしたりするのを見て、子どもたちの動きが変わる。大人のモデルの型にはまらないやり方は、この年中の子たちが楽しめるきっかけに。もう最後は楽しくてやめられない。自分たちで作った大きな海だから、海の中の生き物への関心も広がり、図鑑を食い入るように見ていました。

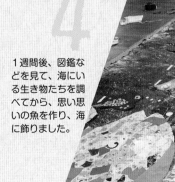

1週間後、図鑑などを見て、海にいる生き物たちを調べてから、思い思いの魚を作り、海に飾りました。

**実践**

三重県多気郡
宮川保育園

# 魚釣りあそびから
# 魚に興味を持った子どもたちの
# カラフルな魚

釣り好きのAくんが魚の図鑑を見て説明してくれたのをきっかけに、魚作りと釣りあそびが始まりました。子どもたちは釣りあそびを楽しむうちに、魚に興味を持ち始め……、そしてAくんの「生けすがいる」の一言で、あそびが変わっていきました。

**保育者の準備**
▶色画用紙
▶絵の具と色をつける道具
　絵の具各色、大きめの絵の具トレー、筆洗バケツ
▶広告紙
▶すずらんテープ
▶紙芯
▶セロハンテープ
▶フェルトペン
▶はさみ

**1** 魚を釣るには釣りざおがいる、ということで自分たちで釣りざおを作り、糸と針を付けて釣り始めました。魚作りよりもこのときは釣りざお作りに夢中な子が多く、その活動が落ち着くと、魚を作る！　と魚作りが始まり、どんどん生けすの中にペンで描いた魚が増えました。

**2** 「魚は海にいるんだから、生けすにするよ」の一言がきっかけで、椅子を使った生けすが出来上がりました。釣りざおは、広告紙にすずらんテープを付けたもの。輪切りにした紙芯をセロハンテープで魚にはり、さおで釣れるようにしました。

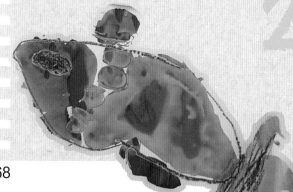

**3**

普段の生活の中でのお買い物の経験から、魚釣り屋さんが始まりました。数字に興味を持ち始め、保育者に書いてもらっていたお金も、次第に自分たちで作るようになりました。

**4**

この釣りあそびを始めて、子どもたちは少しずつ魚に興味を持ち始めました。やりたい子から今度は、絵の具を使って描く活動に変わっていきました。

子どもが
**主体的に活動**
するために

## 子どもの声に耳を傾ける

たとえ、一人の子の発言であったとしても、それに関心を示してしっかり聞いてくれる保育者の姿を子どもたちはちゃんと見ています。その安心感からあそびは広がっていきます。こういうあそびはちょっとした環境の準備から広がりを見せます。「何色の魚かな?」「釣りざおってどうなっている?」活動をしながら、子どもたちに問いかけます。そういうやり取りの中で、子どもの思いを実現できる環境が自然に整っていきます。

# 8月

ヒマワリや花火、夏の虫など、子どもたちの身近にある、夏らしいモチーフの造形あそびをそろえました。

4歳児 5歳児

# オリジナルヒマワリ

大きなヒマワリ、小さなヒマワリ……、子どもたちが植えたヒマワリが咲いたら、観察して実物大の絵を描いてみましょう。ヒマワリの大きさに合った紙を選んで描くのが楽しいですね。

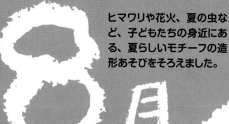

> ### 保育者の準備
> ▶白の色画用紙
> 　大小さまざまなサイズに切っておく。
> ▶絵の具と道具
> 　花や葉に使う色（黄や橙、緑など）を容器に溶き、机に並べる。筆は色数分容器に立てておく。
> ※床が汚れないよう、色画用紙の下に新聞紙を敷く。

## Point

子どもたちは、自分が育てたヒマワリの大きさに合わせて、描く紙のサイズを選びます。保育者はいろいろな長さの紙を用意して、子どもたちが選べるようにします。ヒマワリと同じ長さの紙を用意できるように、実際のヒマワリの長さと紙を比べてみましょう。

## 広がりを表現する

# カラフル花火

黒の色画用紙に、細く切った色紙やマスキングテープ、ホログラムテープなどを放射状にはって、色とりどりの花火にしました。年齢に合わせて、はる素材を工夫するといいでしょう。

### 保育者の準備

▶色画用紙
　はさみに慣れていない子には丸く切っておく。
▶色紙
　はさみに慣れていない子には細長く切っておく。
▶マスキングテープ・ホログラムテープ
　子どもが扱いやすい長さに切り、クリアホルダーの台紙にはっておく。
▶はさみ
▶のり

## Point

丸形の黒い色画用紙をベースにして、色紙をはったりシールをはったりして、自由に花火を作ります。4、5歳児なら、自分たちではる素材を考えて作ってもいいですね。

① テープ類は、子どもがはりやすいサイズに切ったものを保育者が用意し、クリアホルダーの台紙にはるといいでしょう。

② 色紙の帯にのりを付けて、色画用紙にはっていきます。

③

飾るとうれしい

# 色紙のガーランド

色紙を折り、はさみで切った後に広げると、思いがけない
形が出来上がります。自由に折って、はさみで切るあそび
をたくさん楽しんだ後、好きなところに飾りました。

**保育者の準備**
▶ 色紙
▶ はさみ
▶ セロハンテープ

**①** 色紙を折ります。折って紙が重なると
切りにくくなるので、折る回数は、子
どもに合わせて変えるといいですね。

はさみで好きなと
ころを切ります。
初めは難しいので、
保育者と一緒にす
るといいですね。

**②**

作った紙をセロハンテープでい
ろいろな所に飾ってみましょう。

ゆっくりと破れない
ように開きます。

**③**

**④**

## Point

色紙とはさみがあれば、簡単にあ
そべます。折って、切って、開い
てを繰り返してあそび、いろいろ
な飾りを作りましょう。4、5歳児
なら「ここを切ったらどんな形にな
るかな」と想像してあそぶと楽し
いですね。

アレンジ自由

**4歳児 5歳児**

アレンジ自由

# コーティングした切り紙飾り

切り紙した色紙を、ラミネーターを通してコーティングしたら、光を楽しめる飾りになりました。ブックカバーを使ってコーティングしてもいいでしょう。

保育者の準備
▶色紙
▶はさみ
▶ラミネーターとラミネートフィルム、またはブックカバー

色紙をラミネートフィルムではさみます。①

ラミネーターに通します。「出てきた、出てきた～！」②

透明のフィルムではさんだ飾りの完成！③

窓にはってみました。光が差し込むといい感じ！

筒状にして中にLEDライトを入れたら、すてきな照明になりました。

## Point

切り紙をしてたくさんあそんだ後も、飾りを見て楽しめます。はさみに慣れていない子には、二つ折りしたものを1回切りするところから始めるといいでしょう。少しずつはさみにも慣れていけるといいですね。

4歳児 5歳児

## 手足から生まれる形を使って

# カブトムシ・クワガタムシの森

森で見つけたり、園で飼ったりしている虫を、手や足のスタンプで表現するあそびです。筆で描くよりも、大胆に色をつけることができます。木の葉も、手形や足形で表現しました。

保育者の準備
▶色画用紙
▶段ボール板
▶絵の具
　虫や木に使う色を容器に溶き、机に並べる。
▶クレヨン
▶はさみ
▶のり
※絵の具で汚れるので、雑巾などを多めに用意しておく。

## Point

クラスのみんなで大きな木を作ったことから、カブトムシとクワガタムシ作りが始まりました。ほかにも、園庭や公園、森で見つけた虫たちを、子どもたちの手のひらや足、指で表現すると楽しいですね。

足の裏に絵の具をつけてぺったん、白い絵の具を小指側につけてぺったん。指で手、足、目を描いて完成！

たくさんのカブトムシやクワガタムシが出来上がりました。

段ボール板に絵の具やクレヨンで色をつけると、本物の木みたい！　作った虫を大きな木にはりました。

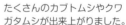

74

**4歳児 5歳児**

自然物をプラスして

# 自分で考える オリジナル夏の虫

カラーポリ袋を丸めた体に、拾った葉や枝をはって、オリジナルの虫を作りました。自然素材を使うことで、子どもたちの想像力はどんどん膨らんでいきます。

**保育者の準備**
- ▶カラーポリ袋
- ▶葉や枝
- ▶色画用紙
- ▶はさみ
- ▶クレヨン
- ▶セロハンテープ
- ▶油性ペン

## Point

青葉が生き生きとしている夏。いつもの紙素材とは違った自然素材で、虫を作ってみませんか。子どもたちが自分で考えた、オリジナルの架空の虫を作っても楽しいですね。

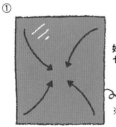

① 好きな形に丸めて
セロハンテープではる

カラーポリ袋
※子どもが好きな
大きさに切る

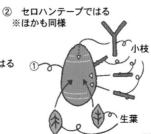

② セロハンテープではる
※ほかも同様

小枝

①

生葉

# 感触を楽しんで 土粘土あそび

1、2歳児の前に陶芸用の土粘土を置いてみたら……。触ることから始まって、つまんだり丸めたり、次第にあそびが広がっていきました。後半は水も混ぜて、ダイナミックなあそびに展開していきました。

夢中になって
あそびます。
いい顔！

保育者の準備
▶陶芸用の土粘土（約120kg）
▶プラダン養生シート
　（ビニールシートでもよい）
▶スロープになる雨どい、水を
　入れることができる容器など
▶白のロール紙を切ったもの

粘土を置くと、こわごわ触ります。

触ったら手を広げて「ほら！」
と見せてくれます。

足で踏んでみます。

ちぎって載せて、ちぎって
くっ付けて……。粘土同士が
付くことに気づきます。

小さくつまんで丸
めたおだんごを、
長〜く並べて。

うまく転がらないときは、水を流せばいいと気づきます。少し前にやった保育園の活動 "流しそうめん" の経験が生きています。

「これも粘土？」
「泥みたい！」

「水がなくても転がるんだ！」雨どいをスロープにしてあそびます。

すべるのが楽しい！ ブルドーザー。

78

ボルダリング？　ロッククライミング？　板にはり付いた土粘土を触って、乗っかるあそび。

「どんな跡が付くかな？」何度も何度も投げて試します。

子どもたちが楽しんだものは丁寧に形に残し（粘土を投げて跡を付けた紙）、保護者の方と、おもしろさを共有しました。そして何より、子どもたちがこれを見たときに、もう一度あそびたいと思えるんです。

わくわくワークショップ
粘土であそぼう
2019. 9. 12

子どもが
**主体的に活動**
するために

## 思い切りあそべる場所。量も大事

広いテラスには養生シートを敷き詰めたり、保護者にも汚れてもいい服装を事前にお願いしたりして準備万端整える。ダイナミックにあそぶにはあそびに集中できるように事前の準備が必要。120kgの粘土を子どもたちの前でひもを使って切り分ける。子どもたちは興味津々。そして、まずは子どもたちがどんなふうに粘土と出会うかしっかり見る。その姿から、子どもたちがやっていることに合わせて必要なものを用意していきます。

ブドウやコスモス、トンボなど、秋のモチーフで製作あそびを楽しみましょう。紙粘土やフェルトなど、あまりふれる機会のなかった素材であそんでも楽しいですね。

9月

# ふっくらブドウ

フラワー紙を丸めるあそびを楽しんだ後、透明のポリ袋に入れてブドウにしました。ブドウをイメージできる色のフラワー紙をいろいろ用意するといいですね。

## 保育者の準備
▶ フラワー紙
▶ 透明ポリ袋
▶ 色画用紙
▶ 絵の具と道具
　葉に使う色を容器に溶き、机に並べる。筆は色数分容器に立てておく。

## Point

袋を持ち、もう片方の手でつめるという右手と左手で別の動作をするあそびは、低年齢の子には難しいこともあるでしょう。保育者が袋を開いて持ち、つめることだけを楽しんでもいいですね。子どもたちに合わせて、あそび方をアレンジしましょう。

色画用紙に子どもが絵の具で塗った葉を、保育者が切ってポリ袋にはり、ブドウに仕立てました。

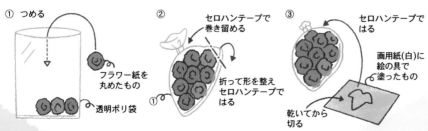

① つめる
フラワー紙を丸めたもの
透明ポリ袋

② セロハンテープで巻き留める
折って形を整えセロハンテープではる

③ セロハンテープではる
画用紙(白)に絵の具で塗ったもの
乾いてから切る

80

凹凸を生かせる

# ぷちぷちブドウ

こん包材に使われる、エアパッキングの突起を活かしたスタンプあそびです。凸面に絵の具をつけたら、色画用紙を載せて手でこすり、版画のように色を転写させます。

版画で模様をつけた色画用紙を、のりを付けて筒状にはりました。色画用紙を切った葉を付けます。

### 保育者の準備

▶色画用紙
▶エアパッキングの版
　エアパッキングを適当な大きさに切り、段ボール板にはっておく。
▶絵の具と道具
　紫や緑などブドウに使う色を容器に溶き、机に置く。筆は色数分容器に立てておく。
▶はさみ
▶のり

## Point

色をつけた版の上に、紙を載せて模様を写し取るあそびです。1枚1枚、絵の具のつき方が違うので、いろいろな仕上がりになるのが楽しいですね。たくさん作って、ブドウ棚にしてもいいですね。

① エアパッキングの版に、筆を使ってブドウの色をつけます。

② ①の上に色画用紙を載せて、手でしっかりとこすります。

③ ゆっくりとはがして乾かします。

# ペンダント&ストラップ

羊毛とせっけん水を使って、フェルト作りに挑戦してみましょう。ペットボトルを使うと、フェルトのボールが簡単にできます。段ボール板に自然物とフェルトをはったアクセサリーは、敬老の日のプレゼントにしてもいいでしょう。

保育者の準備
▶羊毛
　ほぐして広げ、ちぎっておく（ひも状なら長めに、丸形は短めに）。
▶せっけん水
　ペットボトルに水を入れ、食器用の洗剤を少量加える。
▶ペットボトル
▶段ボール板
▶色画用紙
▶小枝、どんぐり
▶毛糸、ひも
▶はさみ
▶木工用接着剤

細長いフェルトは、バットなどの容器にせっけん水を入れて、羊毛を浸した後、手のひらでこすってひも状にしたものです。段ボール板に木工用接着剤を使って、自然物とフェルトをはりました。

① ②

ちぎった羊毛をくるくる巻いてボール状にしてから、ペットボトルに入れます。

羊毛全体にせっけん水をかけます。

## Point

羊毛を使ったフェルト作りを楽しんだ後、できたフェルトを使って、飾りにしました。毛糸やひもを付けたら、すてきなペンダントやストラップの出来上がり。一人一人の個性が出る飾りは、大切な人へのプレゼントにぴったりです。

④

ペットボトルから取り出して乾かします。

③

ふたをして、しばらく振り続けましょう。羊毛がからみ合ってくっつくと、ボールが縮んできてフェルトになります。

**底の形を生かした**

# 型押しコスモス

紙粘土にペットボトルの底を押し付けて、乾いてからクレヨンで塗りました。凹凸したところにクレヨンで描く感触も楽しめます。みんなのコスモスをたくさん咲かせると楽しいですね。

凸凹した面にクレヨンで塗ると、色がつくところとつかないところができます。一つ一つ違ったニュアンスになるのがおもしろい。

**保育者の準備**
- ▶紙粘土
- ▶粘土板
- ▶ペットボトル
- ▶クレヨン
- ▶色画用紙
- ▶はさみ
- ▶のり
- ▶木工用接着剤

## Point

ペットボトルの底の形を生かした紙粘土あそびです。ペットボトルは、押しても形が崩れない硬いものを使うといいでしょう。底の形によって違った跡が付くので、いろいろなペットボトルを集めてから活動するといいですね。

① 粘土板の上に紙粘土を置き、ローラーで伸ばして平らにした後、ペットボトルを押し付けます。

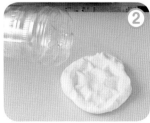

② ペットボトルを外すと跡が付きます。粘土板の上で乾かしましょう。

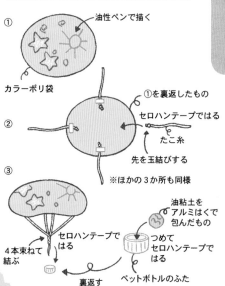

作ってあそべる

# ふんわり
# パラシュート

カラーポリ袋を使って、飛ばしてあそべるパラシュートを
作ってみませんか。カラーポリ袋の大きさや重りを調節して、
どうしたらよく飛ぶかを工夫するといいですね。

## 保育者の準備

▶カラーポリ袋
　はさみに慣れていない子には、保育者が
　丸く切っておく。
▶たこ糸
▶ペットボトルのふた
▶油粘土
▶アルミはく
▶はさみ
▶油性ペン
▶セロハンテープ

① 油性ペンで描く

カラーポリ袋

② ①を裏返したもの
セロハンテープではる
たこ糸
先を玉結びする
※ほかの3か所も同様

③
4本束ねて結ぶ
セロハンテープではる
油粘土をアルミはくで包んだもの
つめてセロハンテープではる
裏返す
ペットボトルのふた

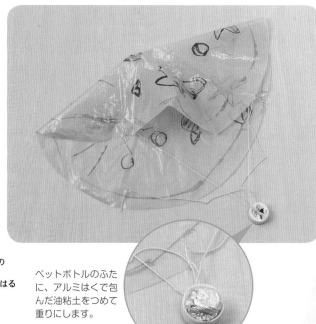

ペットボトルのふた
に、アルミはくで包
んだ油粘土をつめて
重りにします。

## Point

カラーポリ袋をはさみで切るのが難しい子
には、保育者が形に切ったものを用意して、
好きな色を選ぶようにするといいでしょう。
カラーポリ袋を四つ折りすると比較的切りや
すくなるので、子どもと一緒に試してみて
もいいですね。

透明感を意識した **4**歳児 **5**歳児

# おしゃれな羽のトンボ

透明コップを切り開き、透明感を生かしてトンボの羽にしました。綿ロープにはって窓辺につるしたり、園庭の好きな場所に飾ったりすると楽しいですね。

**保育者の準備**
▶透明コップ
▶カラーセロハン
▶色画用紙
▶はさみ
▶フェルトペン
▶セロハンテープ
▶のり

## Point

実際に図鑑などでトンボを見てから作りましょう。トンボの体にしま模様があることや、目が大きいこと、羽にも色がついていることなどに気づきながら活動できるといいですね。

① 色画用紙

折って巻いてはる

② 色画用紙にフェルトペンで描いてから切ったもの (羽)

セロハンテープではる
※同様にしてもう一つはる

羽

(羽) ① 半分に切る

透明コップ

② ① 切る

折って開く

③ 油性ペンで描く

カラーセロハン
セロハンテープではる

# 作って演じる「だれが かくれた?」シアター

子どもたちの大好きな「かくれんぼ」のあそびをテーマに、自分たちで何が隠れているのかを考えてシアターを作りました。自分が作ったシアターをみんなの前で演じることで、表現することの楽しさ、共感し合える喜びを体感できました。

## 保育者の準備

- ▶ クリアホルダー
  人数分用意する。
- ▶ 色画用紙
  各色用意する。
- ▶ 油性ペン・フェルトペンなどの描画材
- ▶ はさみ
- ▶ のり・木工用接着剤

**1** クリアホルダーに入れる大中小の3枚の草むらと、隠したい物を色画用紙で作ります。何を隠すかは子どもたちが考えて、シアター作りに挑戦。色画用紙の余った切れ端は、かごに入れて無駄なく使うようにします。

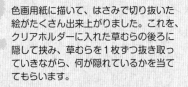

**2** 色画用紙に描いて、はさみで切り抜いた絵がたくさん出来上がりました。これを、クリアホルダーに入れた草むらの後ろに隠して挟み、草むらを1枚ずつ抜き取っていきながら、何が隠れているかを当ててもらいます。

**3** 自分で作った「だれがかくれた？」シアターを、みんなの前でやりました。草むらを1枚、また1枚と抜き取ることで、隠れた物が見えてきて……わからないときは、ヒントを出したりして、友達とのやりとりを楽しみました。

子どもが
**主体的に活動**
するために

## 作ってみたい！と思えるように

クリアホルダーを使うことで、シアターになることのおもしろさに気づくには、保育者がまずはやって見せることが必要です。そして、クリアホルダーがたくさんあることで、子どもたちは自分たちも作っていいんだと、自然に思うことができます。みんなの前で発表したり、演じたりするには日ごろから友達を認め合う雰囲気がクラスにあることも大事ですね。

87

# 木工体験 メダル＆ ぽっくり作り

**④**歳児 **⑤**歳児

4歳児は丸太を切り、やすりで磨いてメダル作り。5歳児は切った丸太を、やすりで磨いてひもを通して、ぽっくり作り。「切る体験」の場所を用意したことで、5歳児も丸太切りを体験しました。午後からは自分がやりたいと思ったことができるように環境を準備しました。すると、自分から進んで参加する子どもの姿が見られました。

自分で作ったぽっくりでトコトコ。すぐにコツをつかんで、楽しくあそびました。

保育者の準備
▶丸太
▶のこぎり
▶紙やすり
▶ひも
▶ドリルなど、木に穴を開ける道具

1日という時間ではなかなかできないため、5歳児には切ってある丸太を用意しました。

88

1

のこぎりの説明を受け、木の匂いをかいだり、丸太を持ってみたりした後、外で丸太を切る活動へ。

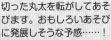

切った丸太を転がしてあそびます。おもしろいあそびに発展しそうな予感……！

2

ぽっくり作り。4歳児同様、匂い、大きさ、触り心地などを感じた後、紙やすりで磨いていきます。

3

穴にひもを通します。ひも通しが思ったより難しいです。

4

切った丸太に、自分たちでひもを通して、メダルの出来上がり。

子どもが

主体的に活動
するために

## 素材の性質に気づき、さまざまな経験をする

子どもたちが木材に触れるという機会はあまりありません。木の匂い。のこぎりを使って切るときの手の感触。切ると出てくるおがくず。やすりで削るとつるつるしてくること。この活動を通して新しい発見をすることはおもしろい！　と感じる子どもたちがいます。この子どもたちが感じるおもしろさを保育者も一緒に共有したい。自分の作ったものに愛着を持つということも、とても大事だと思います。

89

**4**歳児 **5**歳児

# 木工体験
# バードコール作り

相差保育所の近くには鳥がたくさんいる山があり、そこで鳥の鳴き声をよく耳にすることから、木の鳥のバードコールを作り、持って行って鳥が呼べるのかをやってみたいという声があがりました。丸太を切るところから、子どもたちがチャレンジしました。

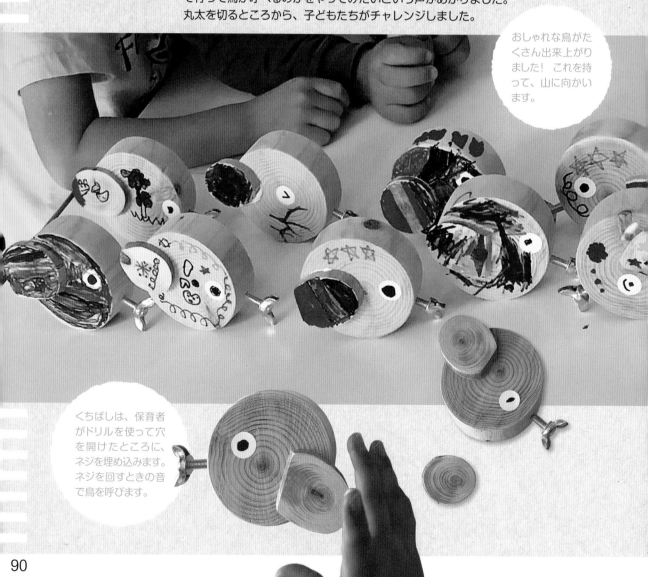

おしゃれな鳥がたくさん出来上がりました！ これを持って、山に向かいます。

くちばしは、保育者がドリルを使って穴を開けたところに、ネジを埋め込みます。ネジを回すときの音で鳥を呼びます。

保育者の準備
▶丸太
▶のこぎり
▶紙やすり
▶ネジ（蝶ボルト）
▶ドリルなど、木に穴を開ける道具
▶木工用接着剤
▶油性ペン

**1** 木の匂いをかいだり、丸太を持ってみたりした後、のこぎりを使って切ることにチャレンジ。

**2** やすりを使って、切った丸太の角をこすります。

子どもが
**主体的に活動**
するために

## 園の環境を最大限に活かす

園の周りの環境を活かした活動は子どもたちにとっては、身近で入りやすい。日々の生活の中で聞こえる鳥の声。「これで、鳥が来るのか？」と思いを巡らす。この時間が大事です。ネジを入れたら「あ、鳥の声」そう思ったら、鳥のデザインだって浮かんでくるのです。これを持って山に行くときの子どもたちのワクワクが伝わってきます。

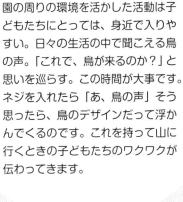

**3** ネジを丸太に差し込むところは、ちょっと力がいる。ねじりながら差し込むとうまくいくことに気づきます。

**4** 木工用接着剤を使って、目や羽をはっていきます。

**5** 油性ペンで思い思いに模様を描いたり、色をつけたりして、一人一人のバードコールの完成！

10月

木の実や紅葉した葉を探
したり、集めたり……、
身近な秋をたっぷり体験
して、作るあそびのきっ
かけにしたいですね。

4歳児　5歳児

色づいた葉を見つけて

# 模様いろいろ葉っぱ

色づいた葉っぱを拾い集めて、観察してみましょう。どんな色
や形をしているかな？　お気に入りの葉を描いて切り取り、毛
糸で葉脈をはりましょう。

保育者の準備
▶色画用紙
　各色、濃淡の色を用意して選べ
　るようにする。
▶毛糸
　葉の色に合わせて、赤や黄・茶
　系など
▶はさみ
▶のり・木工用接着剤
▶鉛筆

## Point
園庭やお散歩で見つけて拾った
葉を観察したり、図鑑で調べた
りして作ります。子どもたちが
作りたいものを見つけられるよ
うな環境作りを心がけましょう。

園庭や公園で、大きさや形の違う葉を
いろいろ見つけて集めます。

92

**4歳児 5歳児**

カップや容器で

# 色の違いに気づく果物

子どもたちに身近なリンゴやカキを、色を塗った紙で紙カップや総菜の容器を包んで作ってみましょう。実際にリンゴやカキを観察しながら、色の紙を作るところからやるといいでしょう。

**保育者の準備**

▶ 紙カップや容器
　大小さまざまな容器を用意する。
▶ 白い紙
　ものを包みやすい薄手の紙
▶ 新聞紙
▶ 色画用紙
▶ モール
▶ 小枝
　使いやすい長さに切っておく。
▶ はさみ
▶ のり・木工用接着剤
▶ 絵の具と道具
▶ クレヨン

紙に絵の具やクレヨンを塗って、リンゴやカキの色を表現します。

本物の果物を見ながら、色を塗っていきます。

カップに新聞紙をつめ、色を塗った紙で包むようにして作ります。

## Point

ここで紹介した作例の形は、あくまでも一例です。子どもたちと一緒に、色だけでなく形も工夫して作ってみましょう。

93

きらきら素材で

# おしゃれなティアラ

形、色、装飾……、イメージをふくらませて作ったティアラ。装飾には、子どもたちの発想を刺激するようなシールやスパンコールなど、光沢のある素材を準備できるといいですね。

## 保育者の準備

- ▶ 段ボール板
  低年齢の場合は保育者がベースの形に切っておく。
- ▶ 色画用紙
- ▶ 色紙
- ▶ 光沢のあるテープやシール・スパンコールなど
- ▶ すずらんテープ
- ▶ はさみ
- ▶ フェルトペン
- ▶ のり・木工用接着剤・工作用接着剤・セロハンテープ

段ボール板にティアラの形や絵柄を描いてからはさみで切り、両端をすずらんテープでつなげて、自分の頭にフィットするようにします。子どもたちが好きなパーツをはりました。

## Point

スパンコールなど小さい素材は、容器に小分けするなど、子どもが使いやすいように用意します。テープ類は、子どもたちに合わせて、扱いやすい長さに切り、剥離紙にはっておいてもいいでしょう。

「ふくろうのそめものや」から

# ふくろうはどんな色?

丸めた新聞紙をベースにして、張り子のように、全体にフラワー紙をはり重ねて、体や羽の色を工夫します。

### 保育者の準備
▶新聞紙
　多めに用意しておく。
▶フラワー紙
　いろいろな色を用意する。
▶色画用紙
▶はさみ
▶水で溶いたのり
▶スポンジ

## Point

フクロウを見たことのある子は少ないでしょうが、「ふくろうのそめものや」をはじめ、絵本にはよく登場します。絵本で見たフクロウをきっかけに、子どもたちとのやりとりから出たこと、ものをテーマにあげて製作してもいいですね。

フクロウのベースを作ります。新聞紙は丸めてくしゃくしゃにすると、紙が柔らかくなり、形を作りやすくなります。フクロウの形ができたら、セロハンテープでところどころ仮留めしておくといいでしょう。

フラワー紙の接着には、でんぷんのりを水で溶いた液を用意します。この液にスポンジを浸し、フラワー紙の上から、軽く押さえるようにしてくっつけます。

小さな秋を見つけに

# ひもにこだわった お散歩バッグ

小さな子どもたちが、木の実や葉などを入れて持ち帰れるサイズに作ります。子どもは、ショルダーのひも通しを楽しみます。

## 保育者の準備
- ▶透明のポリ袋
- ▶ひも
  先端は、テープを巻いて固くしておく。
- ▶ストロー
  ひもに通しやすい長さに切っておく。
- ▶丸シール
- ▶セロハンテープ

切ったストローは容器に入れて、子どもがやりやすいように用意します。

## Point

ひも通しに使うストローの長さや、ひもの太さは、子どもたちに合わせて選びましょう。ひもの先は、テープで巻き留めておき、通しやすくします。

自然物を集めて

2歳児 3歳児 4歳児 5歳児

# 葉っぱの窓飾り

子どもたちがお散歩で拾い集めたきれいな葉を、その日のうちにラミネート加工します。窓辺の光を通すと、葉の色や形がくっきり、きれいに見えます。

保育者の準備
▶ 紅葉した葉
▶ ラミネーター

公園などの落ち葉を拾い集めます。自分のお散歩バッグを持っていくといいでしょう。

ラミネートフィルムに並べてはさみます。

ラミネーターに通します。密封されて、きれいな葉っぱのシートになりました。

## Point

落ち葉の上を踏んだときの音を聞いたり、葉の上に寝転んでみたり、自然との対話を子どもたちが楽しむことが大切。子どもたちが好きな葉を持ち帰るといいですね。

# チョキチョキキノコ

はさみで毛糸を細く切ったものをたくさん作ることから楽しめます。色画用紙で作ったキノコのかさの方に木工用接着剤を塗り、上から毛糸を落とすようにはっていきましょう。

保育者の準備
▶ 色画用紙
▶ 毛糸
▶ 紙芯
▶ 色紙（がら付き）
▶ はさみ
▶ のり

## Point

はさみに慣れていない子どもは、毛糸のように柔らかいものは切りにくいでしょう。はさみを立て、1回で切る感触をつかめるように言葉かけするといいですね。

1、2歳児は、保育者がキノコの紙と短く切った毛糸を用意して。両面テープを使って毛糸をはりましょう。毛糸をはるときは、台紙が動かないよう、セロハンテープで固定しておきます。

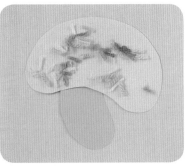

段ボールで作る

# ぬらして丸めるキノコ

段ボール板を水に浸すと紙が柔らかくなり、自由に形を変えられるのを生かして
作ったキノコ。ちぎった色和紙をはって模様をつけ、紙カップに載せました。

### 保育者の準備
▶ 段ボール板
　扱いやすいサイズに切っ
　ておく。
▶ 色和紙
▶ 紙カップ
▶ はさみ
▶ のり・木工用接着剤

## Point
段ボール板が簡単に加工で
きることを楽しみましょう。
4〜5歳児なら、段ボールを
切るところからやってもい
いですね。段ボール板は空
き箱などを利用して、多め
に用意しておきます。

段ボール板は多めに用意し、
子どもたちが使いやすい大
きさに切るといいですね。

**①** 水を入れたトレーを用意し、
段ボール板を浸します。しば
らくすると、段ボール板が水
を吸って柔らかくなります。

**②** トレーから①を出して、丸
めたり、つぶしたりして形
を整えます。乾かすと、そ
のままの形で固くなります。

紙カップの上に②を載せて
木工用接着剤ではり、色和
紙で装飾します。

**③**

色画用紙のびょんびょんで

# おもしろ人形

手足がゆらゆら動く、ユニークな人形。帯に切った紙を交互に折って、伸び縮みする"びょんびょん"を作るところから楽しみましょう。自分で作った人形を枝などにつるして飾ると楽しいですね。

保育者の準備
▶色画用紙
　紙テープでもよい。
▶ひも
▶はさみ
▶のり
▶クレヨン・フェルトペン・
　色鉛筆

## Point

びょんびょんを作るときは、色の違う帯2枚を使うと、折る順番が子どもにもわかりやすく、きれいにできます。帯の端同士をのりではって、帯がずれないようにしてから折り畳んでいきます。

① 人形の顔を描きます。描画材は好きなものを選ぶといいでしょう。

② 色画用紙を筒状に丸めた体に①の顔をはります。

色画用紙を細長く切ったものを2枚用意し、交互に折り畳んでいきます。

③ 人形に③の足を付けたところ。同じようにして、手のびょんびょんを作って付けます。

**③** 歳児 **④** 歳児 **⑤** 歳児

# ふんわりパンプキン

フラワー紙を使った2タイプのパンプキン。フラワー紙の花に表情をつけたユニークなパンプキンは、びょうぶ折りした後、両端を切り落とすと、開いたときの雰囲気が変わります。ボール状のパンプキンは、色画用紙を細長く切るところからやるといいでしょう。

保育者の準備
▶ フラワー紙
▶ 色画用紙
　紙テープでもよい。
▶ 飾り（モール・布リボンなど）
▶ 布リボン
▶ はさみ
▶ ホッチキス
▶ のり
▶ クレヨン

## Point

はじめてフラワー紙の花を作る子どもたちは、びょうぶ折りの状態から1枚ずつ紙を広げていくのが難しいです。根元から立ち上げるように、「やさしく起こしてあげようね」と、言葉かけがあると子どもたちがやりやすいでしょう。はさみの1回切りに慣れてきた子どもたちなら、紙を細長く切ることに挑戦。刃を完全に閉じてしまわず、チョキチョキと連続して開閉して切ってみましょう。

5、6枚重ねたフラワー紙をびょうぶ折りにし、中心をホッチキスで留めます。フラワー紙を1枚ずつ広げていきましょう。

色画用紙を細長く切り、帯を4枚作ります。

① を十字にはったものを2つ作り、ずらして重ねてはります。

② ③

ボール状になるように帯の端を重ねてはり、中に丸めたフラワー紙を入れます。

# 架空の動物 "どるぶつ" お面作り

「動物のお面を作ろう」と、子どもたちに言うと、動物園にいる動物や、ペットなど、見たことのある動物を作ろうとするのですが、"どるぶつ"という架空の動物を作ることを提案すると、子どもたちの発想やアイディアが一気に広がりました。

## 保育者の準備

- ▶ 段ボール板
  80×60cmほどの一枚を人数分
- ▶ 空き箱
  大小、いろいろな形の箱を用意する。
- ▶ 色画用紙・毛糸・ストローなど
- ▶ 絵の具に必要な道具
  絵の具各色、絵の具皿、筆、バケツ
- ▶ 段ボールカッター
- ▶ はさみ
- ▶ のり
- ▶ 木工用接着剤
- ▶ ガムテープ

※下にシートを敷き、雑巾を用意する。

**1** 描画材やはさみ、段ボールカッターなどは、子どもたちが自由に使えるように分けて用意します。

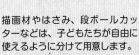

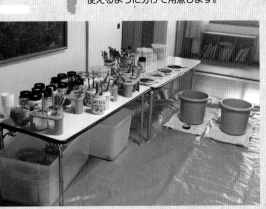

**2** 大きな段ボール板を一人に1枚渡し、段ボールカッターを使って思い思いに切っていきます。

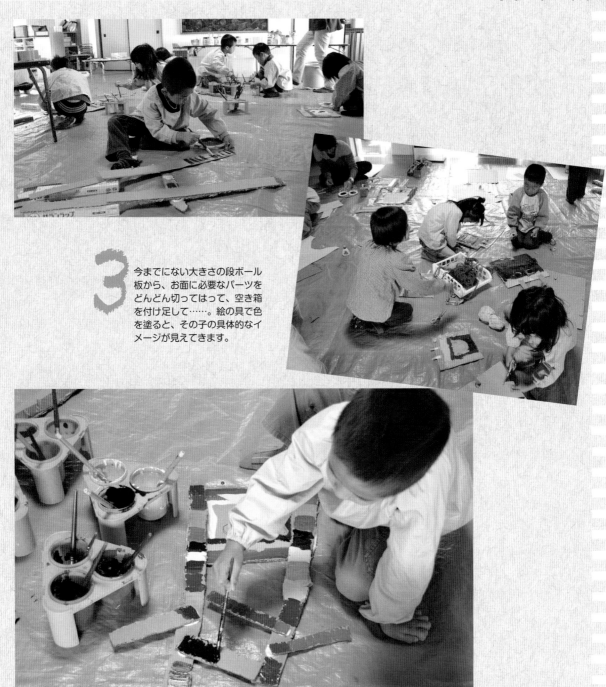

**3** 今までにない大きさの段ボール板から、お面に必要なパーツをどんどん切ってはって、空き箱を付け足して……。絵の具で色を塗ると、その子の具体的なイメージが見えてきます。

4 ２時間ほど集中して作り上げていきました。誰一人として同じ姿のない、"どるぶつ"のお面が出来上がり、できたどるぶつお面をみんなの前で発表。そして、実際に自分で作ったどるぶつお面をつけてみました。

子どもが
**主体的に活動**
するために

## 架空の動物だから
## 間違ってることなんてない！

架空の動物にすることで、子どもたちの
発想がぐんと広がります。素材の段ボー
ルは大きさがあると、子どもたちの思い
の形にすることができます。また、お面
にすることで子どもたちはそのどるぶつ
の動きを考えたり、友達の作品をじっく
り見ることにつながります。その思いを
発表すると友達の作品のおもしろさをお
互いに認め合う機会にもなります。

**11月**

いつもの素材だけでなく、この時期に集めやすい木の実や小枝などの自然物を素材に加えて、製作の幅を広げていきましょう。

# ふた付き どんぐりケース

パッキングネットをカップにかぶせて、どんぐりの帽子にしました。帽子の一部をはり留めて、開け閉めできるように作ると、子どもたちが拾った木の実を入れる容器になります。

## 保育者の準備

- ▶透明のカップ
  サイズの違うものをいろいろ用意しておく。
- ▶パッキングネット
  白以外もあれば集めておく。
- ▶色画用紙
- ▶モール
- ▶クレヨン
- ▶油性ペン
- ▶はさみ

## Point

透明カップに紙を入れて作るので、小さな子どもでも楽しく作れます。透明カップにどんな紙を入れるのか、子どもと一緒に考えましょう。お散歩に持っていくときは、カップにリボンなどをつけて、斜め掛けできるようにします。

カップや、パッキングネットなどの素材は、子どもたちが選んで使えるように日頃から集め、準備しておくといいでしょう。

106

**4歳児 5歳児**

自然物であそぼう！

# マツカサのやじろべえ

指先に載せると、バランスを取りながらゆれるやじろべえ。マツカサに、柔らかいアルミワイヤーを巻き付けて作ります。バランスが悪いときは、腕の角度や、支点の位置を調節しましょう。

保育者の準備
▶マツカサ
▶アルミワイヤー
　使いやすい長さに
　切っておく。
▶ペットボトル
▶色画用紙
▶はさみ
▶フェルトペン

やじろべえを置く台は、ペットボトルを使いました。中に拾った自然物を入れるといいですね。

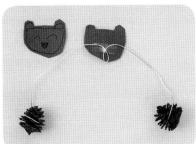

支点は、ワイヤーで輪を作り、位置を決めます。絵を表裏からはり合わせると、飾ったときにきれいです。

## Point

やじろべえは、バランスが肝心です。試行錯誤しながら、ちょうどいい形に作っていくプロセスが大切です。アルミワイヤーは子どもが扱いやすい太さの物を用意します。

107

# パーツを組み立てるキツネ

四角い紙の角を2か所切り落としてできた、三角の紙をキツネの耳やしっぽのパーツに使いました。1枚の紙をどう使うかを考えて作るところが、楽しさにつながります。

保育者の準備
▶色画用紙
　使いやすい大きさに切っておく。
▶はさみ
▶クレヨン
▶のり

四角い紙から、キツネの耳、しっぽ、体のパーツを作ります。

## Point

キツネの登場する絵本を見たり、歌をうたったり……。秋の保育の中でキツネが登場することが多くありませんか？ そんな機会にやってみましょう。

**毛糸を巻いて**

# 巻くのが楽しい
# ミノムシ

紙芯に毛糸を巻き付けたカラフルなミノムシ。
毛糸の色を変えるにはどうしたらいいのか、一緒に考えましょう。

## 保育者の準備
- ▶ 紙芯
- ▶ 毛糸
  毛糸は色や太さの違うものを用意する。
- ▶ はさみ
- ▶ クレヨン
- ▶ セロハンテープ

## Point
はじめに、紙芯に毛糸の端をテープではってから巻いていきしょう。

自然物で

# 落ち葉のミノムシ

お散歩などで集めた自然物を素材に生かして作ったミノムシ。落ち葉や、小さく切った色画用紙などを封筒にはった後、袋の中に丸めたティッシュペーパーなどを入れて、ふっくらさせます。

保育者の準備
- ▶落ち葉
- ▶封筒
- ▶色画用紙
- ▶封筒に詰めるもの
  ティッシュペーパー、新聞紙など、子どもの年齢によって使いやすいものを準備する。
- ▶ひも
- ▶はさみ
- ▶クレヨン
- ▶のり

## Point

のりを使っていない2歳児の場合は、保育者が封筒に両面テープをはっておき、落ち葉や色画用紙をはるようにしてもいいでしょう。

子どもたちが集めた葉をまとめておきましょう。その中から好きな葉を選んで作ります。

**4歳児 5歳児**

# 仕掛け付き迷路

段ボール板の塀を自由に継ぎ足して作った迷路。いろいろな素材を使って、迷路の途中に子どもたちが考えた仕掛けを盛り込んでいくと楽しいでしょう。

## 保育者の準備
- ▶色画用紙・段ボール板・ストロー・紙芯・たこ糸・ひもなど
  具体的に使えそうな素材を用意する。
- ▶はさみ
- ▶のり・木工用接着剤・工作用接着剤・カラーガムテープ
- ▶フェルトペン

## Point
子どもたちは材料を選ぶときに、アイディアやイメージがふくらむことも。段ボール板などは多めに、なるべくいろいろな素材を集めておきましょう。工作用接着剤のような速乾性の接着剤を使うと、迷路の壁を作るのに便利です。

迷路の途中にある水辺にワニが！ 口が大きく開きます。

道の上にかけたワープできる橋。両縁に綿ロープをはって、アーチにしています。

111

**自然素材を集めて**

# ナチュラルペンダント

紙粘土や段ボール板などをベースに、木の実や小枝、スパンコールなど装飾のための素材を子どもたちが選んで、自由にデザインします。接着には、速乾性のある工作用接着剤を使いましょう。

保育者の準備
▶ 段ボール板
▶ 紙粘土
▶ 色画用紙
▶ 毛糸
▶ 自然物／木の実や小枝など
▶ スパンコール・プラスチックのビーズなど
▶ モール
▶ はさみ
▶ 絵の具
▶ 木工用接着剤・工作用接着剤

## Point

木の実や小枝といった自然物から、スパンコールなどのきらきらした素材まで、装飾に使えそうな素材をいろいろと用意しましょう。どんぐりなど、秋ならではの自然物は、子どもたちと一緒に集めるといいですね。

紙粘土は、絵の具を練り込んでカラー粘土にして使いました。

## 段ボール箱で
# 忍者の家づくり

**4歳児 5歳児**

忍者が住んでいる家ってどんなの？　大小さまざまな段ボール箱を使って作ってみましょう。扉や壁、内側……、子どもたちのイメージが広がります。

**保育者の準備**
- ▶ 段ボール箱
- ▶ 絵の具と道具
  各色容器に溶き、机に並べる。
- ▶ 色画用紙
- ▶ はさみ
- ▶ フェルトペン

※汚れ防止用に床に敷物を敷く。

## Point
段ボール箱は、いろいろな大きさ、形のものを用意して、子どもがどれを使うか選びます。

**①** 段ボール箱を選び、自分のイメージに合わせて、絵の具で塗っていきます。

**②** 家づくりの後、忍者を描いて切り取り、自分の家にはります。

113

細部にこだわった

# 働く乗り物

空き箱や紙パックの形を生かしながら、子どもたちが自由に組み合わせて作ります。こだわりたいランプやタイヤなどのパーツにも使えそうな素材も含めて、いろいろ用意しておくといいでしょう。

### 保育者の準備

- ▶空き箱
  大小いろいろな箱を集めておく。
- ▶紙パック
- ▶紙芯
- ▶色画用紙・色紙・片段ボールなどいろいろな紙
- ▶カラーセロハン
- ▶ホログラムテープ
- ▶竹ひご
- ▶ストロー
- ▶ペットボトルのふた
- ▶はさみ
- ▶のり
- ▶木工用接着剤・工作用接着剤
- ▶セロハンテープ
- ▶クレヨン・フェルトペン

### はしご車

紙パックを2個はり合わせて作ったはしご車。印刷の赤色をうまく生かしています。

回転して走ることができるタイヤは、ストローに竹ひごを通した軸に片段ボールを巻き付けて作ります。

はしごは、縦半分に切った紙芯を二つ重ねて、スライドして伸び縮みできる仕組みに。

## パトロールカー

ティッシュボックスにお菓子の空き箱を重ねて作ったパトロールカー。回転灯に赤のカラーセロハンを使って、ライトの光を表現。

## ダンプカー

荷台が動くダンプカー。空き箱を組み合わせて、ボディーと荷台を別パーツに作り、上下に動くようにします。

荷台が持ち上がるように、荷台とボディーをテープではっておきましょう。

## タクシー

ペットボトルのふたを二つを合わせた、屋根の上のランプがポイント。輪切りにした紙芯をタイヤにしました。

## Point

園でのイベントで消防署や、警察署に行ったりしたことをきっかけに、働く乗り物作りにつなげていってもいいですね。子どもたちがやりたいときに、製作に使える素材を容器などに分けて用意しておくといいでしょう。

三重県多気郡
宮川保育園

# イモ掘りの経験を生かした 新聞紙のイモ作り

**⑤歳児**

イモ掘りは、宮川保育園の毎年恒例のイベントです。保育園でもイモを作っていますが、"畑のおじさん"と呼ばれている堀さんのところへ、4歳児と一緒に出掛け、イモを掘りました。その後「どんなおイモを掘った？」という話をしたことから、新聞紙のイモを作る活動へ展開しました。

### 保育者の準備
- ▶新聞紙
- ▶色画用紙
- ▶色紙
- ▶絵の具と色をつける道具
  絵の具各色、大きめの絵の具トレー、紙パックやペットボトルを切ったもの（水で溶いた絵の具を入れる容器）、筆、はけ、筆洗バケツ
- ▶クレヨン
- ▶はさみ
- ▶のり
- ▶セロハンテープ

**1**

手で「こんなの！」と表現していたイモを、新聞紙で表現してみる。

**2**

筆やはけを使って、新聞紙に絵の具を塗り、イモの色を表現していきます。

116

**3** 新聞紙を丸めてセロハンテープではり、イモの形を作ります。

**4** 葉っぱの形も思い出しながら、色画用紙に色紙をはったり、クレヨンで描いたりしていきます。

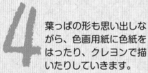

**5** 「前の年長さん食べとったよな〜、食べたいな〜」。子どもたちとどのくらいの木がいるかを話して、裏山に必要な量だけを拾いに行き、園庭で焼きイモ大会をしました。

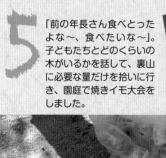

子どもが
**主体的に活動**
するために

## 子どもたちの存在を
## 地域の人に知ってもらう大切さ

自分で掘ったから形や色にこだわって作り始めましたが、たとえ買ってきたサツマイモだとしても、大きさやおイモ、水で洗ってみたときの色の変化、自然にできた形や色だからこそ、子どもたちの気づきも大きいと思います。畑がないときは近くのスーパーややおやさんに買いに行く。地域の人たちに子どもたちの存在を知ってもらうことにつながる活動からの造形あそびは積極的に取り入れるといいでしょう。

117

**12月**

みんなが楽しみにしているクリスマスや、お正月に向けた製作あそび。年齢や子どもたちに合わせて、準備する材料や素材を工夫してみましょう。

はれることに気づく

1歳児　2歳児　3歳児　4歳児　5歳児

# 選んではる ツリー飾り

クリスマスツリーに何を飾るのか、それがツリー作りの楽しさです。どんなものがくっつくのか、くっつけたらきれいなのか、素材の準備が大切ですね。

## 保育者の準備
- ▶ 色画用紙
  1、2歳児は、ツリーと星の形に切っておく。
- ▶ 色紙
- ▶ 丸シール
  1歳児には、大きめのサイズを用意する。
- ▶ ホログラムテープ
  1、2歳児は、子どもが扱いやすい長さに切り、剥離紙にはっておく。
- ▶ 紙パック
  はさみに慣れていない子には鉢のサイズに切っておく。
- ▶ はさみ
- ▶ のり・工作用接着剤

## Point

オーソドックスなツリー製作は、幅広い年齢で楽しめますが、それぞれの年齢に合わせた配慮や準備が必要です。特に1、2歳児には手指の発達に合った素材を用意すること。3〜5歳児では、自分で飾りたいものを選べるように、いろいろな素材をそろえておきたいものです。

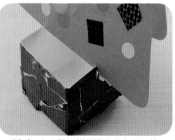

紙パックの鉢に切り込みを入れ、接着剤を付けたツリーを差し込んで立たせます。

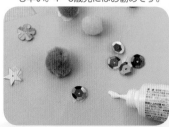

工作用接着剤を使うと、スパンコールもはることができ、乾くのも早い。4〜5歳児にはお勧めです。

自然物で

# 枝とどんぐりの オブジェ

子どもたちが、思い思いに作った枝のオブジェ。どんぐりなどの木の実や
葉を、接着剤で飾り付けます。

保育者の準備
▶ 自然物
　枝やどんぐり、葉などをたくさん
　集めておく。
▶ 麻ひも
▶ 色紙
▶ はさみ
▶ 木工用接着剤・工作用接着剤

## Point

枝と枝はモールや麻ひもなどを
使ってしっかりジョイントします。
材料の自然物は、お散歩や園庭
で子どもたちがたくさん拾い集
めるといいですね。

光る素材で

# きらきらツリー

きらきら光る素材を使うのは楽しいもの。その中でも、はさみで切れるもの、切れないもの、のりでつくもの、つかないものなど、素材の性質に気づくといいですね。

### 保育者の準備

- ▶段ボール板
  1～3歳児には中を抜いた三角形に切っておく。
- ▶片段ボール
- ▶光沢のある色紙
- ▶色画用紙
- ▶毛糸
- ▶フェルト
- ▶スパンコール
- ▶はさみ
- ▶のり
- ▶木工用接着剤・工作用接着剤

はさみを使える子なら、段ボール板のふちからはさみを入れて三角形を切り取ります。

## Point

装飾に使う素材は、年齢に合わせて安全性などにも配慮して準備しましょう。

毛糸を使った

② 歳児　③ 歳児　④ 歳児　⑤ 歳児

# クリスマスソックス

2枚重ねにした不織布に毛糸を通して、袋状にしました。毛糸を通すところは、ひも通しあそびの延長で、低年齢から楽しめます。

保育者の準備
▶ 不織布
　年齢によっては保育者が穴開けパンチで穴を開けておく。
▶ 毛糸
　使いやすい長さに切っておく。
▶ 色紙・片段ボール・ボン天など
▶ はさみ
▶ のり
▶ 木工用接着剤

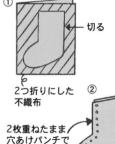

① ←切る

2つ折りにした不織布

② 2枚重ねたまま穴あけパンチで穴を開ける

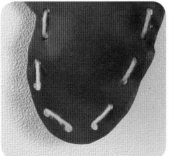

# Point

穴を開けて、先をセロハンテープなどを巻いて固くした毛糸を通します。5歳児では、毛糸針などを使って縫うことも経験してみたいですね。

121

紙パックを切り込んで

# 立体リース

二つ折りした紙パックに何本も切り込みを入れてリースを作り、ちぎった色紙をはり重ねて、クリスマスリースにしました。低年齢の子どもは、色紙をちぎってはるところから楽しむといいでしょう。

**保育者の準備**
- ▶ 紙パック
  切り開いておく。
- ▶ 色紙
- ▶ はさみ
- ▶ のり・木工用接着剤

## **Point**

はさみに慣れている子どもたちは、二つ折りにした紙パックを切り込んで、細い帯を作るところからやるといいですね。

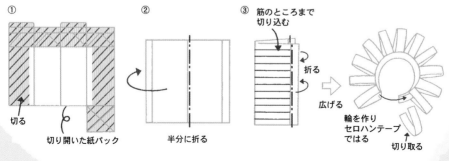

① 切る　切り開いた紙パック

② 半分に折る

③ 筋のところまで切り込む　折る　広げる　輪を作りセロハンテープではる　切り取る

レースペーパーを使って

**4** 歳児 **5** 歳児

# ステンシルの雪の結晶

レースペーパーを型に使ってステンシル。たんぽで押してできたレースペーパーの模様を切り抜きます。ステンシルした型にもほどよく色がつくので、一緒に飾ってもすてきです。

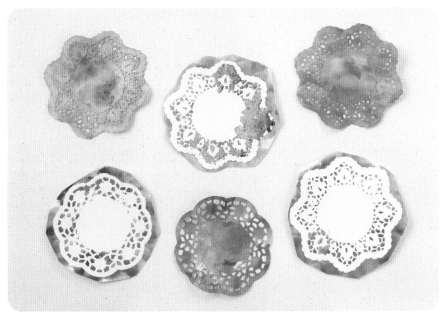

保育者の準備
▶ レースペーパー
▶ 色画用紙
▶ 絵の具と道具
▶ たんぽ
　色ごとに用意する。
▶ セロハンテープ
▶ はさみ

① レースペーパーを画用紙にセロハンテープで仮留めして動かないようにしておきます。絵の具をつけたたんぽで、レースがらのところを押していきます。

② 周りにも色をつけたら、レースペーパーをはがします。画用紙にレースペーパーの模様が写し取れます。

## Point

レースペーパーにセロハンテープで仮留めをして動かないようにしてからたんぽで色をつけます。レースペーパーの細かい模様を写すために、事前に、絵の具の溶き具合を調節して試しておくといいでしょう。

雪の形に気づく

# はじき絵の雪の結晶

白い色画用紙に雪の結晶を白や水色のクレヨンで描いた後、絵の具を塗ってはじき絵をしました。雪のきらきらした感じを、ホログラムテープなど、光沢のある素材を使って表現するといいですね。

**保育者の準備**
- ▶色画用紙（白）
- ▶絵の具と道具
- ▶クレヨン
- ▶ホログラムテープ
- ▶はさみ

## Point

雪の結晶の絵本を見て、形を調べてみましょう。高年齢の子どもは、白いクレヨンだけで模様を描いて絵の具を塗ることで、模様が浮き出てくるのを楽しむといいですね。3歳児では、描いた線や模様が見える色のクレヨンを使うといいでしょう。

白い色画用紙に白のクレヨンで結晶の模様を自由に描きます。

①で描いた上に溶いた絵の具を塗ります。クレヨンのところがはじかれて、模様が現れます。

③ 歳児 ④ 歳児 ⑤ 歳児

イメージを広げて

# 自由なはり絵

新聞紙を切ってできた形から、イメージをふくらませて、何に見えるかな？　できた形を組み合わせたり、色紙をはったり、クレヨンで描いたり……。子どもたちが自由に表現します。

保育者の準備
▶ 新聞紙
▶ 色紙
▶ 色画用紙
▶ はさみ
▶ クレヨン
▶ のり

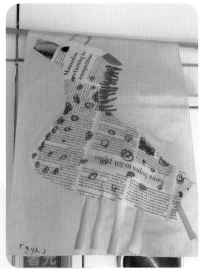

## Point

新聞紙1ページ分を切って、形が何に見えるのか、何枚か試したり、組み合わせたりして、子どもたちの発想を大切に進めていくといいですね。

125

# 手形の年賀状

はがきサイズの紙に、自分の手形をぺたんと押して。手形に顔を描いたり、模様を描いたりして、年賀状にしました。自分で絵の具の色を選んで、手形を押すといいですね。

保育者の準備
▶色画用紙
▶絵の具と道具
▶クレヨン
▶フェルトペン

## Point

手形の年賀状なら、一度に何枚も作れるので、お友達に手渡したり、郵便ごっこあそびへと展開しても。低年齢の子どもなら、スタンプ台を用意して手形を押すとやりやすいでしょう。

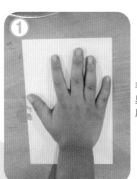

① 手のひらに絵の具を塗り、色画用紙に押します。

② ①を乾かした後、クレヨンやフェルトペンで絵や模様を描きます。

伝統行事について知ろう

**4歳児 5歳児**

# 紙芯のお正月飾り

いろいろなお正月のアイテム、門松、しめ飾りなど伝統的なものを、いろいろ調べて作ってみましょう。

## Point

紙芯を輪切りにするときは紙芯を折りつぶしてから切ると、子どもたちにもやりやすくなります。はさみを使い慣れていない子どもなら、色紙を巻いてはった竹にするなど、素材をアレンジして作りましょう。

① 紙芯をつぶして斜めに切り取ります。

② ①の紙芯の内側と外側、両方に溶いた絵の具を塗ります。竹を3本作り、乾かした後、カラー工作紙の台紙に木工用接着剤ではりましょう。

③ ④ ⑤
歳児 歳児 歳児

# 変身させよう！紙袋キラキラ大作戦！

お店でもらう持ち手付きの紙袋をどこにもない、すてきな紙袋に変身させようと、絵の具を塗ったり、紙や毛糸をはったり……。子どもたちのアイディアで、紙袋を変身させました。

袋全面、カラフルな花のバッグに変身。

**保育者の準備**
- ▶紙袋
  いろいろな色、大きさ、形のものを用意する。
- ▶毛糸・紙芯・紙テープ・ストローなど装飾に使えるもの
- ▶色画用紙・色紙
- ▶はさみ
- ▶絵の具に必要な道具
  絵の具各色、絵の具皿、筆、バケツ
  ※下にシートや新聞紙を敷き、雑巾を用意する。
- ▶油性ペン・フェルトペン
- ▶のり
- ▶木工用接着剤

子どもたちが選んだ紙袋に装飾していきます。色画用紙をはさみで切って、紙袋に付ける飾りを熱心に作る姿も。

袋を立たせて、マチの細い面から絵を描いています。

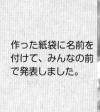

作った紙袋に名前を付けて、みんなの前で発表しました。

子どもが
**主体的に活動**
するために

## 自分で考える楽しさが、豊かな表現につながる

どこにでもある紙袋から、新たな作品を作り出すおもしろさを体験した子どもたち。一人一人やりたいことや、表現方法が違うので、描画材や素材をいろいろ用意して、自由に選べる環境を心がけたいものです。でも、袋ですから、何を入れるか？ ということも考えると発想も広がるかもしれません。

じっくりと時間をかけて取り組む製作や、室内であそべるおもちゃ。子どもたちの興味・関心に合わせて製作できる環境を準備しましょう。

## 紙をちぎって

# ぺたぺた雪だるま

雪だるまの形に切った紙に、ちぎった障子紙をのりではった真っ白な雪だるま。周りに、エアパッキングのスタンプをぺたぺた押して、雪を表現しました。

### 保育者の準備
- ▶色画用紙
- ▶障子紙
- ▶絵の具とスタンプ台
- ▶スタンプ
  エアパッキング・厚紙
- ▶アメの包み紙
- ▶はさみ
- ▶のり
- ▶セロハンテープ

蝶ネクタイは、アメの包み紙をねじったもの。セロハンテープで、子どもたちが好きなところにはりました。

雪が降ってるように、エアパッキングのスタンプを押して表現。

## Point

雪あそびを経験してからやってみたい活動です。雪だるまの形に切った紙は各色用意して、子どもたちが選ぶといいでしょう。

張り子の

4歳児 5歳児

# おしゃれ雪だるま

新聞紙を丸めて雪の玉を作り、二つの玉を合わせて障子紙をはり、雪だるまを作りました。障子紙は、下の新聞紙が透けて見えないよう、2〜3回重ねてはりましょう。

### 保育者の準備

▶新聞紙
▶障子紙
▶色画用紙
▶色紙
▶マフラーや帽子になる素材
　ペットボトルのふた・紙カップ・毛糸・片段ボールなど
▶はさみ
▶のり
▶木工用接着剤
▶のりの液
　水に木工用接着剤を溶いておく。

① 新聞紙を丸めて玉を二つ作ります。

② ①の玉を合わせてはり、のりの液で全体に障子紙をはっていきます。乾いたら、顔や帽子などを付けましょう。

## Point

マフラーや帽子、手袋……、雪だるまにあったかいおしゃれアイテムを考えてつけてあげましょう。素材もあったかな感触のものなどを選べるようにするといいですね。

# 工夫がいっぱい そりあそび

空き容器とストローで作ったそりをすべらせてあそびましょう。
段ボール板などでスロープを作り、どうしたらうまくすべらせる
ことができるのか試行錯誤するのが楽しいです。

保育者の準備
▶ 乳酸菌飲料の容器やペットボトル
▶ ストロー
▶ 紙芯
▶ 色画用紙・フラワー紙・片段ボールなど
▶ ホログラムテープ・ビニールテープなど
▶ はさみ
▶ のり・セロハンテープ
▶ フェルトペン

## Point

ストローの長さやそりの重さを変えると、すべり
かたや速さは変わるかな？ スロープの角度を
変えたらどうかな？ 材料や作り方をいろいろ工
夫するのが、こうした製作の楽しいところ。子
どもたちがさまざまなことを試せるような材料の
準備をしたいですね。

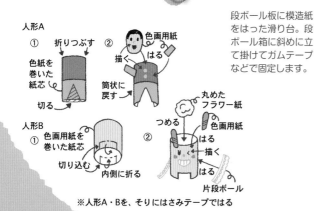

人形A
① 折りつぶす
色紙を巻いた紙芯
切る

② 色画用紙
描く
はる
筒状に戻す

人形B
① 色画用紙を巻いた紙芯
切り込む
内側に折る

② 丸めたフラワー紙
つめる
色画用紙
はる
描く
はる
片段ボール

※人形A・Bを、そりにはさみテープではる

段ボール板に模造紙
をはった滑り台。段
ボール箱に斜めに立
て掛けてガムテープ
などで固定します。

5歳児

紙パックと輪ゴムで

# 飛び出すおもちゃ

開くと、中からものが飛び出す、びっくりおもちゃ。伸び縮みする輪ゴムの力を生かして作ります。お友達同士であそぶといいですね。

### 保育者の準備
▶ 紙パック
▶ 輪ゴム
▶ 色紙
▶ 色画用紙
▶ ホログラムテープ
▶ はさみ
▶ 木工用接着剤
▶ カラーガムテープ
▶ フェルトペン

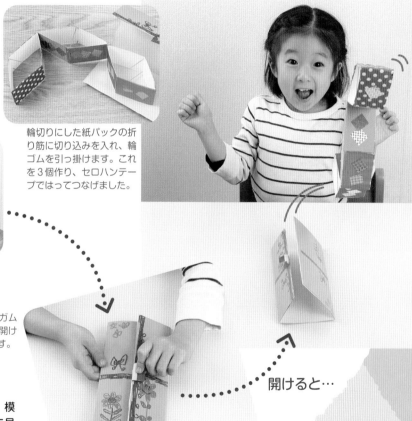

輪切りにした紙パックの折り筋に切り込みを入れ、輪ゴムを引っ掛けます。これを3個作り、セロハンテープではってつなげました。

紙パックの切り込みに引っ掛けた輪ゴムを伸ばして畳み、カードの中に入れましょう。

カードのふたは、カラーガムテープの粘着面を残し、開け閉めができるようにします。

## Point
飛び出すしくみがわかったら、模様のある紙をはったり、何かに見立てて作っても楽しいでしょう。

開けると…

# いろいろミカン

子どもたちが実際に見て、観察した柑橘類を、絵の具とスポンジを使って表現した紙で作りました。形を描くときは、実物を観察しながらやるといいですね。

保育者の準備
▶ 色画用紙
▶ スポンジ
▶ 絵の具と道具
▶ はさみ
▶ のり・木工用接着剤
▶ フェルトペン

## Point

ミカンやユズ、キンカンといった柑橘類のほか、子どもたちが知っている果物をイメージして作りましょう。色や形、肌触り、香りなどを子どもたちが実際に見て、感じたことを大切にしたいものです。

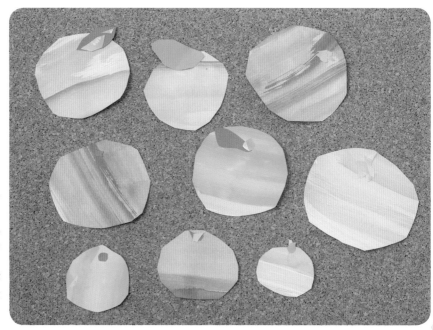

① スポンジに少量の水で溶いた絵の具をつけて、画用紙に塗ります。水の溶き具合やスポンジのタッチで、微妙な色合いを出すことができます。

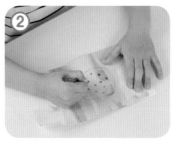

② ①の紙を乾かし、スポンジのタッチや色のいいところを自分で選んで、描いていきましょう。

③ はさみで切り取ります。

二つの紙皿で

# 節分の豆入れ

おにの顔がポケットになったユニークな豆入れ。口の部分は、深めの紙皿を使い、豆がたっぷり入るようにしました。豆まきのイベントで使うといいですね。

**保育者の準備**
- ▶紙皿
  平たいものと深めのもの
- ▶色紙
- ▶色画用紙
- ▶布リボン
- ▶のり
- ▶木工用接着剤
- ▶はさみ
- ▶フェルトペン

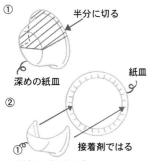

① 半分に切る
深めの紙皿　　紙皿

② ①　接着剤ではる

※おにができたら
布リボンを口の両端にはり
ポシェットにする

おにの口を上から見たところ。子どもの手がすっぽり入る大きさです。色紙を丸めた豆を入れました。

## Point

笑ったおに、泣いたおに、怒ったおになど、節分に向けた話から、子どもたちが気になるおにを豆入れにしてもいいですね。2歳児は、色紙をちぎったり、はったりします。保育者が色画用紙で切ったおにの目や角などを用意しておくといいでしょう。

# 実践

三重県多気郡
三瀬谷北保育所

# 張り子の技法で
# おにのヘルメット作り

節分に向けて、子どもたちがかぶれるおにのヘルメットを、張り子の技法で作りました。ふくらませた風船に新聞紙をはり、その上に障子紙をはって……と、張り子の長い行程を4回に分けて年中児が作り上げました。

## 保育者の準備

▶ 新聞紙・障子紙
多めに用意し、子どもたちがちぎっておく。
▶ 風船（大）
子どもによっては保育者がふくらませる。
▶ 木工用接着剤・水・トレー
▶ 布ガムテープ
▶ 絵の具に必要な道具
絵の具各色、絵の具皿、筆、バケツ
各色容器に入れて溶いておく。
※床にシートを敷く。雑巾を用意しておく。
▶ 毛糸
各色あるとよい。
▶ 平ゴム

**1** 風船（大）を子どもの頭くらいの大きさにふくらませて結び留めます。前もってちぎっておいた新聞紙を木工用接着剤を溶いた水の液に浸し、すきまのないよう、風船にはり重ねていきます。乾かした後、もう1回、新聞紙をはります。乾いたら風船を割り、厚紙を巻いて作った角をガムテープではり留め、角に新聞紙をはりましょう。角は子どもたちの好きな数だけ付けます。難しいところは保育者と一緒に考えながら進めていきます。

**2** 1と同じように、木工用接着剤を溶いた水の液にぎぢった障子紙を浸し、新聞紙の上にはり重ねていきます。全体にはれたら乾かし、もう一回、障子紙を上からはります。土台が完成したら、一度かぶってみて、顔が隠れる場合は、はさみで切りましょう。

**3** 真っ白なおにのヘルメットに、自分たちで模様を考えて絵の具を塗っていきます。角のインパクトが大きいらしく、塗りはじめは角からの子どもが多いようです。

活動は無理に進めずに、子どもたちのやりたい
タイミングで行えるようにしました。

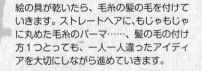

**4** 絵の具が乾いたら、毛糸の髪の毛を付けていきます。ストレートヘアに、もじゃもじゃに丸めた毛糸のパーマ……、髪の毛の付け方1つとっても、一人一人違ったアイディアを大切にしながら進めていきます。

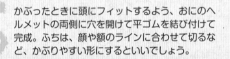

**5** かぶったときに頭にフィットするよう、おにのヘルメットの両側に穴を開けて平ゴムを結び付けて完成。ふちは、顔や額のラインに合わせて切るなど、かぶりやすい形にするといいでしょう。

子どもが
**主体的に活動**
するために

### 子ども一人一人の やり方を尊重した言葉かけを

「自分で作ったおにをかぶって豆まきをしたいね」との子どもたちの強い思いを実現しようと根気よく取り組みました。少し難しいことにチャレンジしようとするとき、やりにくそうにしている子には、「こんなやり方もあるよ」と、子どものやり方を尊重した言葉かけをすることが大切だと思います。風船の大きさ、のりの水加減、絵の具の濃さなど、細かいところを保育者が配慮することが子どものやる気につながります。

# 2月

桃の節句の行事に向けた製作からダイナミック共同製作まで、子どもたち一人一人が、今できることを思い切り発揮して製作を楽しんでほしいですね。

# 穴開き色紙

色紙を折って、切ったときにできたいろいろな穴。「これは何の窓かな」と、一人一人がイメージをふくらませて、窓に絵を描き込んでいきます。

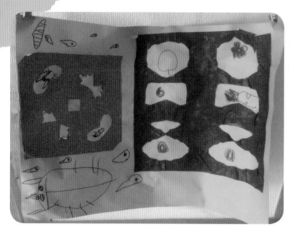

色紙を二つ折りにしてから、はさみで自由な形に切り取ります。切った分だけ窓ができます。

**保育者の準備**
▶ 色紙
▶ 色画用紙
▶ はさみ
▶ のり
▶ フェルトペン

## Point

切り紙のように、どんな形の穴ができるのかを楽しみながらやれるといいですね。穴の開いた色紙は、大きめの色画用紙にはり、見立ての世界につなげていきましょう。

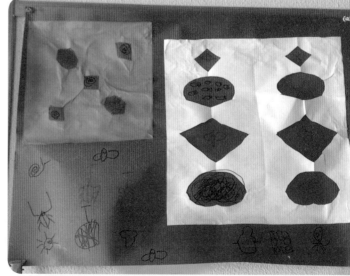

ローラーのペイントを楽しむ

# ウメの花

ローラーでペイントした紙を生かして作ったウメの花。ペイントした紙を六弁の花に切り取り、一弁をはり重ねることで、立体の五弁のウメになります。段ボール板の枝に咲かせました。

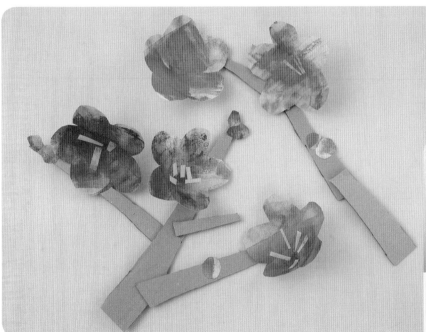

保育者の準備
- ▶色画用紙
- ▶絵の具・トレー
- ▶ローラー
- ▶段ボール板
- ▶はさみ
- ▶のり

① **切る**

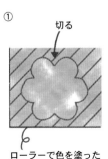

ローラーで色を塗った
色画用紙

② **切り込む**

重ねてはる
のりを付けるところ

③ **はる**

色画用紙

## Point

光の当たり具合によって、実際の花に濃淡がつくことを、ニュアンスのある紙で表現しました。

# 張り子のクロッカス

クロッカスの花を張り子の技法で表現。フラワー紙だけをはり重ねることで、内と外の両面に色がつくように工夫しました。

## 保育者の準備
▶ フラワー紙
▶ 風船 (小)
▶ 色画用紙
▶ 色紙
▶ 片段ボール
▶ 紙カップ
▶ はさみ
▶ のり
▶ 木工用接着剤

①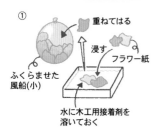

重ねてはる

浸す

フラワー紙

ふくらませた
風船(小)

水に木工用接着剤を
溶いておく

② 乾いてから
風船を割る

③

切る

周りに丸めた
フラワー紙を
つめる

端を
切り開く

はる

色画用紙

片段ボールや
色紙をはる

折り畳んだ
色画用紙

紙カップ

# Point

園庭などに咲いているクロッカスを見たり、観察したりしてから、製作するといいですね。張り子には、フラワー紙を使うので、風船を割った後も紙の厚さが薄く、子どもたちでも簡単に切ることができます。

子どもたちのミーティングで広がる **4**歳児 **5**歳児

# 恐竜ワールド

翼竜や、首長竜……。子どもたちが作りたい恐竜を共同製作します。段ボール箱や空き箱をメインに使って、子どもたちより大きい、迫力のある恐竜たちが出来上がりました。

**保育者の準備**
- ▶段ボール箱や空き箱　大小いろいろ集めておく。
- ▶卵パック・紙芯・紙パックなどのリサイクル素材
- ▶フラワー紙
- ▶色画用紙
- ▶絵の具と道具　各色容器に溶いておく。
- ▶段ボールカッター
- ▶はさみ
- ▶のり
- ▶木工用接着剤・工作用接着剤
- ▶布ガムテープ
- ▶フェルトペン

## Point

資料となる本などを参考に、どんな恐竜を作りたいのか発表し合い、共通のイメージを持って、製作に取りかかるようにしましょう。また、製作に使えそうなリサイクル材料を数多く集めて、子どもたちが選べるように用意しておくといいですね。

143

形を工夫した

# 扇のプレートびな

おびなとめびなの着物は、どちらも同じ折り方で折れます。色画用紙で
びょうぶを作り、おひなさまを飾りましょう。

保育者の準備
▶ 色紙
▶ 千代紙
▶ 色画用紙
▶ はさみ
▶ のり
▶ フェルトペン

## Point

ここでは二つ折りしたびょうぶにはって飾った作例ですが、二つ折りの紙なら、はって立てることができるので、どんな形でもいいでしょう。子どもの発想に任せるといいですね。

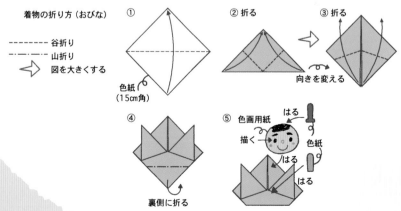

着物の折り方（おびな）

-------- 谷折り
-·-·-·-- 山折り
⇨ 図を大きくする

① 色紙（15cm角）

② 折る

③ 折る　向きを変える

④ 裏側に折る

⑤ 色画用紙　はる　描く　色紙　はる　はる

144

④⑤
歳児　歳児

色も形も自由に

# にじみ絵のおひなさま

にじみ絵をした障子紙を、おにぎり状に丸めた新聞紙のひな人形に着せましょう。
にじみ絵は、障子紙にフェルトペンで模様を描いた後、水を含ませた筆をそっと載せて、濃淡の色や偶然できた色合いを楽しみましょう。

保育者の準備
▶障子紙
▶筆
▶新聞紙
▶色紙
▶千代紙
▶はさみ
▶フェルトペン
▶のり

新聞紙を丸めたひな人形。顔は色紙をはって目や口を描きます。千代紙の着物をはった上に、にじみ絵の着物を重ねてはります。

## Point

新聞紙を丸めて形を作ったら、底を平たくして立つように調整しましょう。丸めた新聞紙の大きさに合わせて、着物に使う障子紙の大きさを決めるといいですね。

# ひし餅デザインびな

おひなさまは、千代紙を巻いた紙芯にフラワー紙を入れて柔らかな印象に。
台座は、ひし餅のデザインに。輪切りにした紙パックを重ねたり、紙をはっ
たりして作ります。

保育者の準備
▶紙パック
▶紙芯
▶色画用紙
▶千代紙
▶フラワー紙
▶はさみ
▶のり
▶フェルトペン

## Point

ここでは紙パックを使ってひし餅にしましたが、おひ
なさまの周りにある道具や食べ物、花などに気づい
て作ってみましょう。ひし餅の由来などについても、
知るきっかけになりますね。

紙質の違いを生かして

# 箱びな

空き箱の底を立ててびょうぶを作り、おひなさまを飾りました。おびなとめびなの着物は、オルガンの折り紙をアレンジした折り方です。

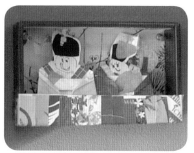

**保育者の準備**
▶ 空き箱
▶ 色紙
▶ 千代紙
▶ 色画用紙
▶ 包装紙
▶ はさみ
▶ のり
▶ フェルトペン

## 着物の折り方（めびな）

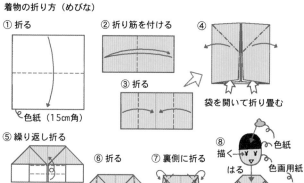

① 折る
色紙（15cm角）

② 折り筋を付ける

③ 折る

④ 袋を開いて折り畳む 図を大きくする

⑤ 繰り返し折る

⑥ 折る

⑦ 裏側に折る

⑧ 描く
色紙
はる
色画用紙

--------- 谷折り
—·—·— 山折り
図を大きくする

## Point

空き箱は、子どもが扱いやすいサイズをいろいろ集めておきます。びょうぶや、ぼんぼり、台座に使う材料は、包装紙や千代紙など、和風の紙を多めに用意し、子どもたちが選べるようにするといいでしょう。

147

# 実践
京都府京都市
鞍馬山保育園

# 住む"どるぶつ"を
# イメージしたおうちづくり

どるぶつのお面（実践P.102〜105参照）を作った子どもたちが、自分の作った"どるぶつ"が住むことをイメージしながら、どるぶつのおうち作りをしました。

### 保育者の準備
▶色画用紙
　スケッチ用も含む。
▶鉛筆・消しゴム
▶絵の具・筆などの描画材
　各色容器に入れて溶いておく。
　※床にシートを敷く。雑巾を用意
　　しておく。
▶段ボール箱・段ボール板
▶フェルトペン
▶段ボールカッター
▶はさみ
▶のり・木工用接着剤・工作用接
　着剤・セロハンテープ

製作に必要な材料のコーナーを用意して、子どもが自由に使えるようにします。絵の具は各色容器に溶いておき、筆、予備のパレットと合わせて準備します。段ボールカッターや木工用接着剤などもまとめておきましょう。

2 自分が作ったどるぶつのお面をそばに置いて。おうちを作る前に、架空のどるぶつを紙にスケッチしていきます。どんな家がいいか、アイディアもふくらんできます。

3 どるぶつをイメージした子どもたちは、さっそく自分たちが持ってきた段ボール箱を使って、おうち作りを開始。段ボール箱を切って形を変えたり、箱に絵の具を塗ったり……。

子どもが
**主体的に活動**
するために

4 自分が考えたどるぶつの家が完成。どるぶつを家の中にはったり、立たせたり、子どもによってさまざまです。

## 自分たちで材料を集める

この活動は十分な素材や材料がそろっていることが大事です。自分で作った"どるぶつ"ですから、おうちだって自由！ 失敗なんてないんです。子どもたちが試行錯誤できるよう十分なスペースと時間も必要。何日間にわたって作っていくというのもいいかもしれません。途中で飽きてしまったり、自分が作ったものが気に入らなくなったりしても大丈夫。きっとその過程でたくさんのことを気づいているはずです。

子どもたちが、見つけた「春」をきっかけに、製作へとつなげていけるといいですね。菜の花やタンポポ、アオムシなど、春のモチーフをたくさんそろえました。

春の色を楽しむ

# 菜の花ボトル

ペットボトルで作った菜の花。黄色い色水を入れて、満開の感じを表現しました。

**保育者の準備**
▶ペットボトル
　大小いろいろ用意する。
▶絵の具・水
▶色紙
▶色画用紙
▶はさみ
▶のり
▶工作用の接着剤

色水を入れたペットボトルに、色紙の花や、色画用紙の葉をはりました。

## Point

ペットボトルのふたの内側に絵の具を付けてふたをし、シェイクして水に色を付けます。子どもたちでも簡単にできます。

いっぱいが楽しい！

# ぺたぺたアオムシ

指に絵の具をつけて、ぺったん。子どもがやりやすい指を使って押すといいでしょう。これを切り抜いてアオムシに見立て、絵の具で色を塗った新聞紙のキャベツを食べに出かけます。

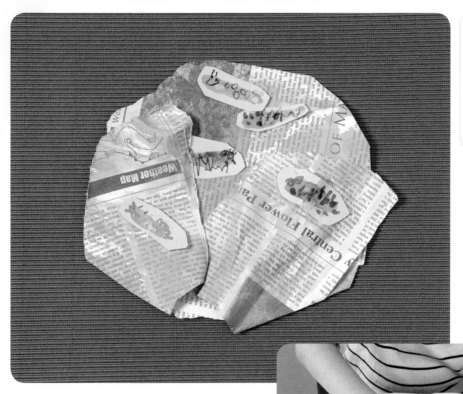

**保育者の準備**
▶ 色画用紙
▶ 絵の具
▶ スタンプ台
▶ 新聞紙
▶ はさみ
▶ のり
▶ フェルトペン
▶ クレヨン

## Point
指だけでは押しにくいときは、手のひら全体でスタンプして、指の部分を切り抜いてもいいですね。

風とあそぼう

# 紙パックの風車

紙パックの一面を縦半分に切り、十字にはり合わせて作った風車。羽根の端を少し切り込み、折り曲げて風を受けるようにしましょう。体の前に風車を持って走ると、くるくる回ります。

保育者の準備
▶紙パック
　一面を切っておく。
▶綿棒
▶片段ボール
▶はさみ
▶セロハンテープ
▶工作用接着剤
▶油性ペン

## Point

はさみに慣れている子は、紙パックを切るところからやるといいでしょう。風車ができたら、実際に自分の風車を持って走ってみましょう。試しながら、回すコツをつかんでいきます。

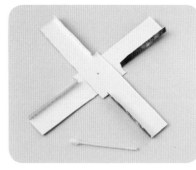

紙パックの帯を十字にはったら、羽根に切り込みを少し入れ、折って立たせます。羽根の中心に穴を開け、片方の綿を取った綿棒を通して軸にします。

**4**歳児 **5**歳児

さいて、はって

# パッチワークの
# チューリップ

いろいろながらの端ぎれを、ちぎり絵風にはって作ったチューリップ。
子どもたちががら布をさくところから楽しみましょう。いろいろな端ぎ
れがたくさんあると楽しいですね。

保育者の準備
▶がら布
　同系色のがら
　布をいろいろ
　用意する。
▶色画用紙
▶はさみ
▶のり
▶木工用接着剤

## Point

布をさくのがはじめての子どもには、布の端に切り込み
を入れておくと、スムーズに楽しくさくことができます。
細長くさけたら、はさみでさらに小さく切ります。

# スタンプのタンポポ

小さい長方形に切ったスポンジをたくさん押して、タンポポの花を表現しました。高年齢の子どもは、スタンプした紙をはり重ねたり、ぎざぎざの形に切ったり、いろいろ工夫するといいでしょう。

保育者の準備
▶ スポンジ
　使いやすい大きさ
　に切っておく。
▶ 絵の具
▶ スタンプ台
▶ 色画用紙
▶ はさみ
▶ のり

## Point

赤を少し混ぜたオレンジ系の黄色と、黄色の2種類の絵の具を、タオルやキッチンペーパーに染み込ませたスタンプ台を用意して、子どもたちが選べるようにしておくといいでしょう。お散歩などでタンポポを見たり、触れたりした後の活動に取り入れたいですね。

気持ちを表す

# ありがとうメダル

紙皿をベースに、フェルトペンで色を塗ったり、模様を描いたり、好きな素材を組み合わせたりして、子どもたちが自由にメダルをデザインしました。ちょっとしたプレゼントにもお勧めです。

保育者の準備
- 紙皿
- ペットボトルのふた・造花・毛糸など
  飾りに使えそうな素材を集めておく。
- 布リボン
- はさみ
- セロハンテープ
- 工作用接着剤
- フェルトペン

## Point

プラスチックなど、素材によっては、紙皿に接着しにくいものもあるので、工作用接着剤や、セロハンテープなどを用意しておきます。暖かくなり、お散歩に出かけるようになったら、見つけた草花でメダル作りを楽しむなど、屋外での活動に生かすのもいいでしょう。

用途に合わせて素材を選ぶ

# おめでとうフレーム

枝に毛糸やがら布をくるくると巻き付けることに挑戦。枝同士を結び付けるところは木工用接着剤を使って、保育者がやるといいですね。写真や絵を飾ったり、そのままオブジェにしたりしても楽しいです。

手作りのフォトフレームは、在園児から卒園児へのプレゼントにしてもいいですね。
写真やお祝いのメッセージを添えて渡しましょう。

**保育者の準備**
- ▶枝
- ▶毛糸
- ▶がら布
- ▶色画用紙
- ▶モール
- ▶色紙
- ▶はさみ
- ▶木工用接着剤

フレームに使えそうな枝を子どもたちが探して集めます。長さや太さの違う枝の中から、使いやすいものを選び、使いやすい長さに切りましょう。

枝をしっかりと持って、毛糸や、ひもを巻き付けていきます。

②の枝を4本使ってフレームに。枝と枝の先を組み、木工用接着剤を付けてから毛糸やモールで結び留めます。できたフレームに、色紙やがら布をはったりして装飾してもいいでしょう。

## Point

身近な自然環境の中で、子どもたちが自分で枝を集めることから始めたい活動です。子どもによっては、枝に毛糸や布を巻いていくコツをつかむために、同じところを繰り返し巻いたり、やり直したりすることもありますが、じっくりと取り組めるように心がけたいですね。

色紙の飾りをはったフレームの完成。モールの掛けひもを付けました。

## 実践

愛知県
D保育園

# キッチンペーパーを使った てんてんあそび

折ったキッチンペーパーに、フェルトペンのインクを染み込ませて模様を転写するあそび。紙に染み込みやすい方が模様をきれいに転写できるので、子どもたちに合わせて紙の素材を工夫するといいでしょう。

5歳児の作品。びっくりするような集中力で、細かな模様をつけていました。広げると、色が重ねた紙に転写され、1枚のすてきな作品になりました。

保育者の準備
▶キッチンペーパー
※新聞紙を敷く。
▶色画用紙
▶色紙
▶フェルトペン
　各色用意する。
▶はさみ
▶のり

キッチンペーパーを折り畳み、はさみで切って形を変え、フェルトペンを染み込ませます。紙を広げると、全面に模様が転写されます。

フェルトペンを染み込ませた後、好きな色画用紙を選んで自分の作ったものをのりではります。

子どもが

主体的に活動
するために

## 広げたときの驚きが……

４〜５歳児の作品。点々をつけた後、四つ折りのまま紙の一部をはさみで切り落としました。できた模様や形に触発され、さらに色画用紙や切った色紙の飾りをはったりして、作品作りを楽しみました。

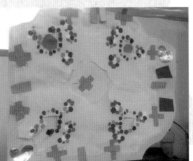

根気よく、点々を描きながらインクが紙に染み込んでいくのを楽しみます。紙を広げて、そこに模様が浮かびあがると「できた！」と表情が変わります。それが“もう１枚やりたい！”という気持ちにつながるのです。しっかり染み込ませないと、折り畳んだ下の紙までインクが染みないので、ペンを紙につけたら5秒数えるルールを決めるのもありでしょう。そこに自分で気づいて、自分から再度挑戦する姿があったら、それはすごいことです！

**著者**

うらなか
浦中こういち

絵本作家、あそび作家。保育士として9年勤めた保育園を退職後、フリーのイラストレーター、あそび作家として活動する。三重県を拠点に全国の保育園、幼稚園であそびのワークショップや保育者向け講習会などを行う。絵本執筆からオリジナルのあそび歌、パネルシアター作りなど幅広く活躍中。

**staff**

製作案●浦中こういち　会田暁子　井坂愛　磯亜矢子　出石直子　小沼かおる
　　　　高杉尚子　リボングラス
作り方イラスト●やまおか ゆか
製作●出石直子　小和田奈津子　高杉尚子　リボングラス
協力●安井素子(マ・メール保育園園長)　あおぞら保育所　相差保育所
　　　かがみうら保育所　鞍馬山保育園　椿幼稚園　マ・メール保育園
　　　三瀬谷北保育所　宮川保育園　武生水保育所　MoriKuma
　　　森の研究所　絵本ナビ　浦中こういちワークショップ参加者の皆様
撮影●戸高康博(GOOD MORNING)
　　　Chiiho Okada (Chiiho photography & works)
カバーデザイン●長谷川由美
レイアウト●長谷川由美　千葉匠子
企画・編集●リボングラス(若尾さや子　三浦律江子　森川比果里)
編集担当●原智宏　澤幡明子(ナツメ出版企画)

# 1年中作れる！ 0〜5歳児の製作・造形あそび

2020年4月1日　初版発行
2020年10月1日　第2刷発行

著　者　浦中こういち　©Uranaka Koichi, 2020
発行者　田村正隆
発行所　株式会社ナツメ社
　　　　東京都千代田区神田神保町1-52　ナツメ社ビル1F (〒101-0051)
　　　　電話　03(3291)1257(代表)　FAX　03(3291)5761
　　　　振替　00130-1-58661
制　作　ナツメ出版企画株式会社
　　　　東京都千代田区神田神保町1-52　ナツメ社ビル3F (〒101-0051)
　　　　電話　03(3295)3921(代表)
印刷所　図書印刷株式会社

ISBN978-4-8163-6807-3

ナツメ社Webサイト
http://www.natsume.co.jp
書籍の最新情報(正誤情報を含む)は
ナツメ社Webサイトをご覧ください。

Printed in Japan